中国地质大学卓奥友峰登山队

卓奥友峰顶峰

日照下的卓奥友峰

卓奥友峰

董范（本书作者）在攀登卓奥友峰途中

中国地质大学队员在卓奥友峰

次落（右）和中国地质大学登山队员在卓奥友峰

卓奥友峰1号营地

登山大本营

登山队员在修建营地

登山营地

攀登途中

登山途中的运输

沿路线绳上升

雪坡攀登

绕冰裂缝行进

密集的冰裂缝

攀登途中的横切

远眺雪山

中国地质大学登山队在西藏若尼峰

中国地质大学登山队在玉珠峰

户外运动专业教学训练系列教程

登 山 运 动
DENGSHAN YUNDONG

主　　编：董　范　陈　刚　牛小洪
副 主 编：董　利　李　伦　张　群
　　　　　李生鹏　李正林　王义平
编写人员：刘华荣　甘　洪　秦长胜　皮　崴
　　　　　高　琳　张　瑜　姜　睿　黄江华
　　　　　陈　磊　张　轩

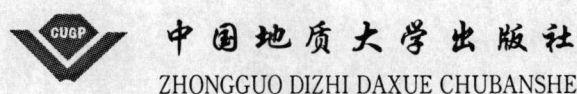
中国地质大学出版社
ZHONGGUO DIZHI DAXUE CHUBANSHE

图书在版编目(CIP)数据

登山运动/董范,陈刚,牛小洪主编. —武汉:中国地质大学出版社,2009.9
ISBN 978-7-5625-2401-4

Ⅰ.登…
Ⅱ.①董…②陈…③牛…
Ⅲ.登山运动-基本知识
Ⅳ.G881

中国版本图书馆 CIP 数据核字(2009)第 169310 号

登山运动			董 范 陈 刚 牛小洪 主 编
责任编辑:张 华 段连秀		技术编辑:阮一飞	责任校对:戴 莹

出版发行:中国地质大学出版社(武汉市洪山区鲁磨路388号)	邮政编码:430074
电　　话:(027)67883511　　传真:67883580	E-mail:cbb@cug.edu.cn
经　　销:全国新华书店	http://www.cugp.cn
开本:787毫米×960毫米 1/16	字数:245千字　印张:11.375　彩插:8
版次:2009年9月第1版	印次:2009年9月第1次印刷
印刷:武汉中远印务有限公司	印数:1—3 000 册
ISBN 978-7-5625-2401-4	定价:29.80元

如有印装质量问题请与印刷厂联系调换

户外运动专业教学训练系列教程

编委会

主任委员：张锦高　李致新

副主任委员：邢相勤　欧阳建平　陈建军　吕万刚
　　　　　　张志坚　童德卿　董　范

委　　　员：杨　伦　马欣祥　李舒平　次　落
　　　　　　毕克成　蔡楚元　陶应发　冯　岩
　　　　　　熊和平　国　伟　郭　敏　段宝斌
　　　　　　牛小洪　刘华荣　李　伦　代新华
　　　　　　宋　凯　董卫东　李兆欣　邢立明
　　　　　　张　群　李生鹏　冯　明　刘良粝
　　　　　　陈　非　庞　兰　李鹏翔　吕占锋
　　　　　　董　利　甘　洪　黄江华　陈　刚
　　　　　　刘亚非　杨　华　向　东　王　莉

策划编辑：毕克成　段连秀

总序1

户外运动课程的系列教材即将付梓出版，我由衷地感到高兴。这是我校体育教师在董范教授的带领下，在长期特色体育教育教学中，不断进行实践研究取得的又一成果。这一系列教材的出版，将使更多有志于从事户外运动工作的人士分享我校的教学、科研成果，促进户外运动及其教学培训进一步规范，使户外运动在我国更加科学、健康地发展。

重视体育教学是我校的优良传统。自建校以来，我校就以特色体育为方向，充分发挥学科专业优势，不断拓展体育教育的内容和途径。自1958年我校成立我国第一支业余登山队以来，共攀登8 000m以上山峰3座；7 000m以上山峰5座；6 000m以上的山峰近10座。从20世纪80年代开始，我校就把登山训练引入到课堂教学，把登山的基本技术——攀岩确定为学校体育必修课教学项目；进入20世纪90年代中期，随着体育教学改革的不断深入，在"地质大体育观"体育教学理念的指导下，我校又在国内首创了集体育学、地理学、管理学、气象学、医学等学科为一体的野外生存体验课，引入了智力与体力相结合的体育项目——定向越野。2002年，教育部印发了《全国普通高等学校体育课程教学指导纲要》，明确指出应"充分利用空气、阳光、水、江、河、湖、海、沙滩、田野、森林、山地、草原、雪原、荒原等条件，开展野外生存、生活方面的教学与训练，开发自然环境资源"、"培养学生能参加有挑战性的野外活动和运动竞赛"。随后，我校又率先在国内开设了《户外运动》普修课，并在2005年设立体育系招收社会体育本科专业（户外运动方向）学生，由此而成为了全国高校户外运动课程的"发源地"。经过我校体育教师多年教学实践、研究与积累，我校户外运动的教学内容、方法、手段以及组织形式得到了不断完善，逐渐形成了一整套较科学、系统的"课内课外相结合"的教学模式和较全面、丰富、前沿的教学内容体系，得到了社会各界的广泛认同。我校将体育课堂延伸到社会和大自然，融登山、攀岩、野外生存体验、定向越野、拓展运动训练等活动为一体，开设地质与体育相结合的特色体育课程，在亲近自然、挑战自我、超越极限的体育运动中，强健了学生的体魄，磨练了学生的意志品质。几十年来，我校先后有1万多名学生在学校接受了登山、攀岩、野外生存、定向越野和拓展运动训练，并向国家登山队输送了多名高水平专业运动员，王富洲、李致新、王勇峰、张志坚、次落就是其中的杰出代表。

　　户外运动的发展迫切需要有完善的人才培养体系、科学研究体系来提供理论支撑。面对社会对户外运动教材的迫切需求，在中国登山协会的极力建议和学校有关领导的大力支持下，我校体育教师结合多年来开展户外运动教学的经验和科研积累，编写了一套面向户外运动相关专业的应用型教材。本套教材包括《户外运动学》、《登山运动》、《户外运动组织与管理》、《户外运动营销实务》、《户外运动气象学》、《户外运动专业英语》、《野外生存》、《拓展运动》、《户外运动食品与卫生》、《攀岩运动》等内容，涉及户外运动教学的各个方面，体系完整、内容丰富，注重实践，具有鲜明的教学与实践特征。

　　（1）体系完整。本系列教材由长期身处教学一线的高水平体育教师立足于新世纪我国户外运动学科发展的需要，深入分析户外运动专业人才现状及存在的问题，探索户外运动相关专业本科学生综合素质培养途径，以科学性、实用性和系统性为目标编写而成。教材系统总结了我校长期开展户外运动教学与实践积累的经验，吸收了我校体育教师近些年开展户外运动教学、实践与科研取得的最新成果，深入剖析了户外运动各教学项目之间的知识结构并对其进行了有机组合，知识结构完整、系统。

（2）内容丰富。本套教材涵盖户外运动下辖的登山、攀岩、野外生存、定向越野、拓展训练等项目课程，内容涉及户外运动教学、训练、活动与赛事组织、市场营销等各个方面，教材中的很多内容都是我校优秀体育教师对多年教学、训练、实践成果的经验积累，具有较强的借鉴价值。

（3）注重实践。本系列教材在阐述理论的基础上，尤其注重学生实践技术与技能的培养和锻炼，力求做到不断强化学生思维能力、动手能力以及创造性解决问题的能力，促进学生理论知识水平和实践操作能力全面提高，具有鲜明的实践特征。

本系列教材对于关心户外运动、喜爱户外运动、有志于从事户外运动教学、实践、训练与科研的各类人士而言，具有重要的学习指导价值。同时，由于关于户外运动的研究起步较晚，编者水平有限等多方面原因，本系列教材难免存在一些不足和错漏，欢迎广大读者批评指正。我们也希望本系列教材的编写能够成为我国更多高水平、高质量的户外运动教材或专业书籍问世的起点，能够吸引更多的专业人士参与户外运动的科学研究，共同为促进户外运动在我国的科学、健康发展做出更大的贡献！

中国地质大学校长

2009年9月

总序 2

欣闻中国地质大学编写出版户外运动系列配套教材，谨致热烈祝贺。

户外运动是一项新兴的体育运动，是人们休闲娱乐的重要方式。随着我国经济社会的发展，特别是人民生活水平的提高，人们对高质量、有品位、有个性的生活和休闲娱乐方式越来越看重，并一直在努力追寻。户外运动作为一种愉悦身心、锻炼自我、亲近自然的生活方式受到广大群众的青睐。此项运动在全国发展十分迅猛，据了解，目前我国户外运动活动组织形式多达几十种，各类户外运动俱乐部有700余家，每年参与户外运动人数超过5 000万人，已逐渐形成了装备制造与销售、竞赛表演、培训服务等市场，有效刺激了户外运动装备、户外运动服务、户外运动赛事，甚至是旅游等相关产业的发展，成为全民健身运动的重要组成部分和经济社会协调发展的重要促进力量，很好地推动了资源节约型和环境友好型社会的建设，传达了积极健康的生活方式和文明行为观念，为增进人与自然的协调发展和社会的和谐开拓了有效的空间。

促进户外运动健康有序地发展，是全社会非常关注的事情。中国地质大学作为以地球科学为主要特色的重点大学，为我国的登山和户外运动发展做出了卓越的贡献，积累了丰富的成功经验。学校深知该项运动发展离不开高素质专业人才的培育，非常注重规范科学的教材建设，努力改变当前教材和教育教学与蓬勃开展的户外运动及其教育不相适应的状况。多年来，学校一直在酝酿编写户外运动规范教材，总结户外运动实践经验，不断提高户外运动教育教学的针对性和有效性。经过多方面的努力，数易其稿，终于成就了本套系列教材。作者在教材的编写过程中，努力做到体育理论和运动实践的统一，人体运动科学和社会哲学的统一，理念战略和技术方法的统一，全方位、多层次、有重点地展示了户外运动的全貌，有利于广大读者和户外运动爱好者全面系统地掌握户外运动的基本内涵、重大意义、发展趋势、技术要领等知识和技能，从而推动户外运动健康有序地发展。可以说本教材既是开展户外运动教育的好教材，也是广大运动爱好者的理想读物，既有较强的针对性和时效性，又有较强的趣味性和严密的科学性。

与天浮游、幕天席地是古人笃定的最为旷达的生活方式。"天地与我并生，万物与我为一"。处在现代化和都市化进程的人们，在繁缛的生活中向往着奔赴自然。户外运动成为了人们锻炼身体、适意生活、亲近自然、回归自我、愉悦身心的重要方式。而教材的编写和出版发行，必将更大地推动该项运动的科学开展及其理念的普及，推进其大众化、规范化、科学化、系统化。

最后，衷心希望本教材对户外运动及其教学发挥重要的作用，也希望本教材不断完备，臻于至善，为我国户外运动的科学发展做出积极的贡献。

国家体育总局登山运动管理中心主任
中国登山协会常务副主席
2009 年 9 月

前言

登山是一项勇敢者所进行的探险活动，是人类向更快、更高、更强方向发展的进取精神的体现，更是一个民族、一个国家积极向上的表现。登山，不只是攀爬山壁、享受一览无遗的美景以及体验野外生活而已，登山也是一种挑战，既要冒生命危险，又备尝艰难困苦，登山十分刺激，其魅力无法阻挡，但登山过程充满挫折，有时甚至会危及生命。登山所带来的启发和乐趣，其魅力已不仅限于是消遣或运动，更能令人为之着迷，有时甚至欲罢不能。

"攀登高山是一门忍受磨难的艺术！"

在登山过程中，我们要树立三个理念：安全、科学和环保。

安全：登山是危险的，自然环境的恶劣、个人操作的失误都会造成意外。于是我们要尽量避开危险的境况，并加强自身技术的训练，提高在恶劣环境中存活的能力。我们在获得登山快乐的同时，更重要的是使自己全身而返。

科学：在山的面前，我们是渺小的，所以不要试图征服什么，应顺其自然，科学地掌握自然规律、正确地使用装备，以及科学地进行技术操作。

环保：在登山过程中，我们获得了与高山心灵相通的权力，同时，我们也得相应地负起保护自然本来面貌的义务，为了我们所爱的雪山，这是作为一名合格登山者的基本品质。

为什么要去登山？并不只是"因为山在那里"，正如 Garth Hattingh 在他所著的《登山运动手册》一书中所说：攀登运动的开始是源于一种对生理上的满足，尤其是运动员的自我满足，而登山运动则是不同的经历，它的魅力所在是它的危险性，你在用你的生命作为赌注，其中有一种自我实现，是对自己极限的发现，也是对那些以前从未有人去过的地方的发现。登山运动可以带给你雄伟壮丽的高山美景的体验，还有无坚不摧的友谊，因为你的生命是和你登山的同伴联系在一起的。当然，登山运动也有竞争，你会竭力成为解决某个攀爬难题的第一人，在你的对手眼皮底下从另一条新的路线到达顶端，或是第一个登上从未有人登顶过的高峰。而在这些动力中间找到平衡才是你保住生命、享受登山乐趣的秘诀。

我们希望这本图书可以帮助你发现攀登运动的乐趣，实现自己的梦想。

本书从理论角度详细叙述了登山运动的起源与发展，以及登山运动中涉及到的装备、器材、各项技术，既可作为大专院校教学参考教材，也可作为广大登山运动爱好者的参考资料。

作　者
2009 年 5 月

目　　录

第一章　登山运动发展史 …………………………………………… (1)
　　第一节　登山运动的起源 ………………………………………… (1)
　　第二节　世界登山运动的发展 …………………………………… (1)
　　第三节　中国登山运动的发展 …………………………………… (3)
　　第四节　登山运动方式的发展 …………………………………… (7)
　　第五节　世界登山运动大事记 …………………………………… (8)
　　第六节　神奇与魅力所在的现代登山运动 …………………… (12)

第二章　装　备 ……………………………………………………… (13)
　　第一节　防寒装备 ………………………………………………… (13)
　　第二节　背　包 …………………………………………………… (19)
　　第三节　技术装备的性能及保养 ………………………………… (20)

第三章　绳　结 ……………………………………………………… (27)

第四章　保护技术 …………………………………………………… (32)
　　第一节　固定保护点的设置 ……………………………………… (32)
　　第二节　保护方式 ………………………………………………… (37)

第五章　冰坡行走技术 ……………………………………………… (39)
　　第一节　冰爪技术 ………………………………………………… (39)
　　第二节　结组行走 ………………………………………………… (47)
　　第三节　冰镐技术 ………………………………………………… (50)
　　第四节　器械攀登技术 …………………………………………… (53)

第六章　垂直冰壁攀登技术 ………………………………………… (57)
　　第一节　冰镐冰爪技术 …………………………………………… (57)
　　第二节　先锋攀登技术 …………………………………………… (61)

第七章　营地管理 …………………………………………………………… (68)
  第一节　营地种类及定义 ………………………………………………… (68)
  第二节　大本营的功能 …………………………………………………… (68)
  第三节　大本营管理细则 ………………………………………………… (69)

第八章　登山过程中应注意的事项 ………………………………………… (72)

第九章　登山计划的制定 …………………………………………………… (74)
  第一节　活动计划 ………………………………………………………… (74)
  第二节　装备计划 ………………………………………………………… (75)
  第三节　技术装备计划 …………………………………………………… (75)
  第四节　食品计划 ………………………………………………………… (76)
  第五节　制定计划范例 …………………………………………………… (79)

第十章　高山救援 …………………………………………………………… (101)
  第一节　紧急救援 ………………………………………………………… (101)
  第二节　救援训练 ………………………………………………………… (105)

第十一章　高山气象 ………………………………………………………… (107)
  第一节　山区气象知识 …………………………………………………… (107)
  第二节　中国代表性山峰的最佳攀登季节 ……………………………… (108)

第十二章　14 座海拔 8 000m 以上山峰介绍 ……………………………… (110)
  第一节　KAILAS 和 8264 山峰收集——珠穆朗玛峰（海拔 8 848.43m）
　　　　…………………………………………………………………… (110)
  第二节　KAILAS 和 8264 山峰收集——乔戈里峰（海拔 8 611m） …… (111)
  第三节　KAILAS 和 8264 山峰收集——干城章嘉（海拔 8 586m） …… (113)
  第四节　KAILAS 和 8264 山峰收集——洛子峰（海拔 8 516m） ……… (115)
  第五节　KAILAS 和 8264 山峰收集——马卡鲁山（海拔 8 463m） …… (116)
  第六节　KAILAS 和 8264 山峰收集——卓奥友峰（海拔 8 201m） …… (117)
  第七节　KAILAS 和 8264 山峰收集——道拉吉里（海拔 8 167m） …… (118)
  第八节　KAILAS 和 8264 山峰收集——马纳斯鲁峰（海拔 8 156m） … (121)
  第九节　KAILAS 和 8264 山峰收集——南迦帕尔巴特峰（海拔 8 125m）
　　　　…………………………………………………………………… (121)

第十节　KAILAS 和 8264 山峰收集——安纳普尔那峰（海拔 8 091m）
………………………………………………………………………………… (122)
　　第十一节　KAILAS 和 8264 山峰收集——加舒布鲁姆Ⅰ峰（海拔 8 068m）
………………………………………………………………………………… (124)
　　第十二节　KAILAS 和 8264 山峰收集——布洛阿特峰（海拔 8 051m）
………………………………………………………………………………… (124)
　　第十三节　KAILAS 和 8264 山峰收集——加舒布鲁姆Ⅱ峰（海拔 8 034m）
………………………………………………………………………………… (125)
　　第十四节　KAILAS 和 8264 山峰收集——希夏邦马峰（海拔 8 012m）
………………………………………………………………………………… (126)

第十三章　适于群众性登山的山峰介绍………………………………… (128)
　　第一节　冰川之父——慕士塔格…………………………………………… (128)
　　第二节　雄鹰飞不过的山峰——雀儿山…………………………………… (128)
　　第三节　冰清玉洁的姐妹——四姑娘山…………………………………… (130)
　　第四节　岷山最高峰——雪宝顶…………………………………………… (132)
　　第五节　昆仑山东段最高峰——玉珠峰…………………………………… (133)
　　第六节　活佛座前的最高侍者——阿尼玛卿山…………………………… (134)

附录一　登山户外运动俱乐部及相关从业机构技术等级标准……………… (136)
附录二　登山户外运动俱乐部及相关从业机构资质认证标准……………… (138)
附录三　户外运动员注册与交流管理办法（试行）………………………… (141)
附录四　攀岩攀冰运动管理办法……………………………………………… (143)
附录五　全国攀岩运动员注册与交流管理办法（试行）…………………… (146)
附录六　登山运动员技术等级标准…………………………………………… (150)
附录七　高山向导管理暂行规定……………………………………………… (154)
附录八　国内登山管理办法…………………………………………………… (158)
附录九　外国人来华登山管理办法…………………………………………… (161)

参考文献………………………………………………………………………… (165)

第一章

登山运动发展史

第一节 登山运动的起源

贯穿法国、意大利、瑞士和奥地利等国家的阿尔卑斯山是现代登山运动的诞生地。其主峰——勃朗峰（在法国境内），海拔 4 810m，是西欧的第一高峰。据历史记载，法国一位名叫德·索修尔的著名科学家为探索高山植物资源，渴望有人能帮他克服当时不可逾越的险阻——阿尔卑斯山顶峰。1760 年 5 月，他在阿尔卑斯山脚下的沙木尼村贴出了一则告示："凡能登上或提供登上勃朗峰之巅线路者，将以重金奖赏。"但告示贴出后长期未获响应。因此，他每年出榜一次。直到 26 年后的 1786 年 6 月，一位名叫帕卡德的山村医生才揭下了告示，他们经过两个多月的准备，并与在当地山区采掘水晶石的工人巴尔玛特结伴，于当年 8 月 6 日首次登上了勃朗峰。

1787 年 8 月 3 日，由索修尔亲自率领，巴尔玛特做向导的一支 20 多人组成的登山队，再次登上了该峰，揭开了现代登山运动的序幕。在整个登山过程中，他们进行了有关人体生理、自然环境等多方面的考察，取得了不少有关高山环境科学的宝贵资料。

后来，人们把登山运动称为"阿尔卑斯运动"，并把 1786 年作为登山运动的诞生年，索修尔、巴尔玛特等人则成为了世界登山运动的创始人，并得到了国际登山界的公认。

第二节 世界登山运动的发展

一、世界登山运动

现代登山运动经历了自"阿尔卑斯"到"喜马拉雅"两个黄金时代，19 世纪中叶，随着人类社会的进步和科学技术的迅速发展，从 1855 年开始，欧洲各国的登山者经过身体、技术、装备等各方面的准备之后，开始向阿尔卑斯山各高峰进军。仅仅一年时间,便将所有海拔4 000m以下的高峰踩在脚下。这一时期,便是国际登山史上的"阿尔卑斯黄金时代"。而世界上第一个登山组织——英国登山俱乐部于1857年成立,这恰恰是"阿尔卑斯黄金时代"的高潮期。

20世纪初叶,攀登者开始把目光投向了亚洲,因地球上海拔7 000m以上的高峰全在亚洲,尤其集中在喜马拉雅、喀喇昆仑山脉。而海拔8 848m的世界最高峰珠穆朗玛峰等14座8 000m以上的山峰也都坐落在青藏高原上。英国登山队自1921年到1938年间,7次攀登珠穆朗玛峰均告失败,但是他们的胆略和气魄震动了世界。法、美、德、奥、意等国的登山者也相继进入喜马拉雅地区开始高山探险活动。但是,由于人类对这一地区的地理、地形和气象等方面都了解不够,因而付出了惨痛的代价。如德国队在攀登南迦帕尔巴特峰(海拔8 125m)时,便有16人全部葬身于万吨雪崩之中。美国和德国联合登山队9人在另一次攀登此山时,因遭受暴风雨袭击,全部滑坠于谷底。

一直到第二次世界大战结束之后,世界各国攀登喜马拉雅诸峰的高潮再次掀起,自1950年到1964年的14年间,地球上所有的14座海拔在8 000m以上的山峰已经先后被各国运动员所登顶。特别是英国登山队的希·拉生和丹增于1953年5月29日登上珠穆朗玛峰,可谓迎来了真正的"喜马拉雅的黄金时代"。

二、登山运动的发展

1786年登山运动诞生以后,特别是在1850至1865年的15年间,阿尔卑斯山区的登山运动发展极为迅猛。世界上第一个国家性的登山组织——英国登山俱乐部,于1857年宣告成立。这一时期阿尔卑斯山的西欧第二高峰杜富尔峰(4 638m)、埃克兰风峰(4 103m)、芬斯特拉尔霍恩峰(4 275m)等20多座海拔4 000m以上的山峰先后被征服。1865年7月,英国登山运动员文培尔等人又登上了当时被人们认为无法登顶的玛达布隆峰(海拔4 505m,其岩壁陡峭,平均坡度为65°,有的地方达90°),至此,以阿尔卑斯山为中心的登山运动达到了顶峰,出现了所谓的"阿尔卑斯黄金时代"。

自1950年到1964年的14年间,是人类高山登山运动一个重要的发展阶段。1950年6月3日,法国运动员莫·埃尔佐和勒·拉施纳尔付出了"血"的代价(一人冻掉了双脚,另一人冻掉了一只手),在人类的登山史上首次成功地登上了海拔8 091m的安纳普尔那峰。1953年5月9日,英国登山队的依·希拉里(新西兰人)和藤辛·诺尔盖(尼泊尔人,后入印度籍)从南坡登上珠穆朗玛峰(这是人类登山史上首次成功登上世界最高山峰)。在这14年间,地球上海拔8 000m以上的高峰,有14座先后被各国运动员所征服。

与此同时,新中国登山运动员也以崭新的面貌,生气勃勃地跨进了世界高山登山运动的行列。1964年5月2日,中国登山队许竞(队长)、王富洲等10名运动员首次成功地登上海拔8 012m的世界第十四高峰——希夏邦玛峰,创造了一次10名队员集体登上8 000m以上高峰的世界纪录。因此,世界登山史上将1950年到1964年这段时间称为"喜马拉雅黄金时代"。

第三节 中国登山运动的发展

一、起步阶段

中国的登山运动起步较晚,这与旧中国的贫穷落后有着直接关系。当世界各国的登山运动已转入到中国的喜马拉雅地区时,中国那时别说登山,连最一般的体育项目开展都异常艰难。新中国诞生之后,登山运动才有了发展的条件。

1955年5月,我国派出许竞、师秀、杨德源、周正赴前苏联学习登山技术,同年8月,他们登上了前苏联境内海拔6 773m的团结峰和海拔6 780m的十月峰。这标志着我国登山事业的开始和诞生。

1956年3月,中华全国总工会在北京成立了我国第一个登山训练营,仅仅一个月时间,便成立了由35人组成的中华全国总工会登山队。并在队长史占春的带领下首次登上了陕西秦岭山脉海拔3 767m的太白山峰。1957年6月,他们成功攀登了四川省境内海拔7 556m的贡嘎山,谱写了新中国登山史上光辉的一页。但此次攀登死亡了4人,使这支年轻的登山队遭受了惨痛损失。1958年,我国登山队攀登了5座高峰,其中,第一批女子登山运动员袁扬等4人登上了海拔5 120m的"七一"冰川主峰。

1960年5月25日,我国登山队王富洲、曲银华、贡布从北坡登顶珠穆朗玛峰。1975年5月27日,中国登山队9人(其中有1名女队员潘多)再次登上了珠穆朗玛峰。

1964年5月2日,地球上最后一座8 000m以上的高峰——8 012m的希夏邦马峰,由中国登山队的许竞、王富洲、成天亮等10名健儿集体登顶。这同时宣告了世界登山史上开拓性的攀登时代已胜利结束。登山运动开始向新的难度挑战。十年动乱中,我国的登山事业处于停滞不前状态。

1975年5月27日,中国登山队又一次向地球之巅——珠穆朗玛峰进军。当时,索南罗布、罗则等9人克服了恶劣的天气等困难,在第4次突击中,终于成功登顶,他们在峰顶竖起了3m多高的金属测量觇标,配合了当时对珠穆朗玛峰准确高程的测量工作。这个觇标同时也成了以后一个时期各国登山队登上珠穆朗玛峰后首先要索取的最有说服力的确认登顶资料。而且在这次登山活动中,女登山运动员潘多(藏族)成功登顶,创造了女子首次从北坡登上世界最高峰的记录。

二、中国现代登山运动的发展阶段

党的十一届三中全会制定改革、开放总方针后,中国现代登山运动发生了历史性转折。中国登山界和各国登山界进一步建立起密切的联系并广泛开展各种交流活动。这一新阶段的到来,是以山峰开放为先导的。

开放山峰有以下好处:①开放山峰可以为国家创收外汇,具有经济上的意义;②开放山峰对于广泛开展国际登山活动、加强与各国人民和运动员之间的了解和友谊有着积极意义;③有助于学习外国的先进技术和经验,寻找新的自然资源,探索大自然的奥秘,逐步填补我国高山科学研究空白;④可以引进一些先进的登山技术和装备,并交流登山经验,促进和发展我国的登山运动。

自开放山峰后,取得了以下明显的成效:①提高了经济收益;②增加了外国登山者对中国的了解;③促进了中国人民和世界各国人民的友好往来,增进了友谊;④推动了我国登山事业的发展。

改革开放后,随着我国社会的进步和经济的发展,登山运动有了长足的进步。20世纪80年代至90年代,由于人民生活水平的逐步提高,登山运动已不再是职业运动员的专利,民间登山活动蓬勃兴起,商业登山活动应运而生。

其间,涌现出来一代新的登山家,并成为我国现在登山运动的中坚力量。李致新和王勇峰历经艰险,10年里攀登了世界七大洲的最高峰;西藏登山队挑战地球上14座8 000m级山峰,目前已经成功攀登了10座;西藏登山队的次仁多吉、仁那、边巴扎西保持着我国个人登顶10座8 000m级山峰的记录。

而民间登山运动的最高记录由北京大学"山鹰社"队员创造,1998年他们成功攀登了海拔8 206m的卓奥友峰。

登山是一项艰难而危险的事业,中国登山队先后有20多位优秀的、全心全意为人民服务的儿女为此献出了宝贵的生命。特别是在梅里雪山,1991年1月,由于发生了巨大雪崩,一夜之间使得17名中、日两国的登山运动员全部葬身于雪山之中,这也是世界登山史上最大的一次山难。

登山运动员,必须具备良好的身体素质和登山技术,在登山过程中将迎接高山缺氧、雪崩、滚石、滑坠等考验,有时还要付出生命的代价。而这一切,恰恰又正是登山运动的神奇和魅力所在。

1979年,中国登山运动协会公布,1980年对外开放珠穆朗玛、希夏邦马等几座山峰,接待外国登山团体自费来华开展登山旅游活动。从此,架起了一座沟通中国与世界登山运动的桥梁。

1985年,中国登山运动协会正式加入国际登山联合会,这是中国登山界国际登山交流的一件大事。

三、普及化阶段

2003年珠穆朗玛峰登山活动,是为纪念人类登顶珠穆朗玛峰50周年,业余队伍组队攀登了珠穆朗玛峰,国家主席胡锦涛发贺电,祝贺登顶成功,媒体第一次大规模全面地报道了攀登的整个过程。

2005年5月22日,珠穆朗玛峰重测工作成功,珠穆朗玛峰高度被再次刷新。重测珠穆朗玛峰海拔高度为8 844.43m。对于自然,我们不要轻言"征服"。珠穆朗玛峰永远吸引我们去攀登、去探索。我们应心怀敬畏之情,关注珠穆朗玛峰,热爱自然。

2006年1月5日新年伊始,北京首都国际机场迎来了一批特殊的乘客,他们就是极度体验"7+2"南极登山探险队的7位队员,他们成功地徒步到达了南极点和登顶南极最高峰文森峰,实现了中国人"7+2"全极限挑战的"零的突破"。极度体验"7+2"南极登山探险队员,由国家登山队队长王勇峰、藏族教练次落、著名户外运动记者刘建、商界精英今典集团联席总裁王秋杨、世纪盛铭广告公司执行总裁杨险峰,及深圳大学教师李伟文和梁群夫妇,共7位勇敢者组成。他们在经过了南极冰雪考验之后,在南美智利进行了简短的休整,即启程回国。极度体验"7+2"南极登山探险队于2005年12月初从北京踏上征程,经过艰苦卓绝的9天南极冰原徒步运动,于12月16日到达南极极点,并创造了多项世界第一;之后又转战南极洲最高峰——文森峰,用4天时间攀上了海拔4 897m的南极之巅;全部探险旅程其用时35天,比原计划的50天提前15天完成了挑战极限的梦想,实现了中国人挑战"7+2"运动的"创世之举"。这个壮举被评为2005年新华社十大体育新闻之一。

2006年9月1日,经国家体育总局批准,由中国登山协会主办的"中国登山高级人才培训班"在怀柔国家登山训练基地开班。本次培训班以全脱产、免费培训方式,历时两年,共耗资近800万元,全面系统地培养复合型高级登山运动人才。这是我国登山运动史上的创举,也是中国登山协会用战略眼光,根据事业长期发展的需要开办的高级培训班。

本期培训班以中国登山协会教练为骨干,并聘请法国高山向导联盟资深高山向导巴尔玛特(Olivier Balma)担任技术总监,首期学员8名,年龄在22岁至30岁之间,分别来自新疆、青海、四川、贵州等地,大都为地方登山协会在职人员或长期为地方登山协会服务的人员。他们热爱登山运动,有一定的登山户外运动基础,具有较好的英语交流能力,经过地方登山协会层层选拔和推荐,最后由中国登山协会进行严格审核,合格后方获批准。这届学员均与当地登山协会签属协议,结业后将回到原地,推广登山户外运动。

　　培训班采取理论与实践相结合的教学方法。教学内容有攀岩、攀冰、高山向导、救援、滑雪、定线、户外技能、拓展、山峰开发、组织竞赛等。理论课在怀柔进行,实践课分别在四川、新疆、青海、云南,以及广西阳朔和东北等地进行。国家体育总局登山运动管理中心主任李致新称,此举是中国登山协会为迎接2008年北京奥运会,迎接全民健身新高潮,支持西部大开发采取的战略举措,全民健身与奥运同行。他还说,我国地域广阔,高山资源充足,随着人们生活质量的提高,登山户外运动会越来越红火,因此进一步规范我国登山户外运动,使之健康、安全、协调地发展,协助地方协会解决中高级登山技术和管理人才,培养我国登山户外运动综合性骨干人才是事业发展的需要。

　　2007年7月12日,五星红旗飘扬在世界第十一高峰加舒布鲁姆Ⅰ峰山顶。这标志着从1993年到2007年14年间,中国西藏登山队登顶14座海拔8 000m以上高峰任务的圆满完成。

　　2008年5月8日,中国登山队实现了奥运火炬第一次在世界最高峰珠穆朗玛峰的传递,实现了在申奥时提出的设想,兑现了对世界的承诺。

　　中国登山运动的发展阶段详见表1-1。

表1-1　中国登山运动的发展阶段

阶段特点	诞生阶段 (1955—1977)	发展阶段 (1978—1999)	普及化阶段 (2000—现今)
组织形式	国家组织	中外联合组织	社会性组织
经费来源	政府拨款	外国资金＋自筹资金	自筹资金,如 社会赞助、自费等
参与群体	专业队	专业队＋业余	爱好者
目标	高度和人数	高度、未登峰	高度、难度、体验
目的	为国防、科考、政治服务	改革开放与国际交流	追求极限,实现个人愿望
项目	高山探险	高山探险、攀岩运动	高山探险、拓展
标志性事件	1960年、1975年登顶 珠穆朗玛峰	《外国人来华登山管理 办法》的实施	户外运动研讨会、珠穆 朗玛峰火炬传递
主要特点	政治性、大规模	攀岩运动兴起、 社会活动萌芽	户外运动兴起、 快速发展趋势

第四节　登山运动方式的发展

一、常规的登山方式

探险方式(Expedition Style)：国内也称金字塔形兵站式登山方式，适合于 8~12 人以上大型团队。其一直以来都是最常用的登山方式，这种攀登方式，是利用高山背夫向大本营以上的营地运输物资，以减轻登山队员的负荷量，使他们能够保持最好的体能去冲击顶峰。

简结方式(Capsule Style)：也称交替上升方式，适合于由 2~8 名有登山经验的队员组成的团队，这种登山方式，无需设置一系列固定的营地，也不必搬运大量物资，而只需设置一到两个随登山队伍一起上升和下撤的营地，当登山队员们制定好路线后，便将物资运往上方的预定营地。一旦预定营地安置好了，队员们便会撤离前一个营地，带上各自的睡袋和帐篷前往预定营地，并在此基础上，继续向上建立新的营地。在第一次向上方建立营地时，下方的营地应保留在原处，这样，队员们在一天的工作结束后便可以回到低处休息。1962 年，赛瑞在攀登珠穆朗玛峰时，首次使用了简洁方式攀登，同时也证明了这种方式的可行性，甚至离开大本营的时间可以超过一个月以上。

阿尔卑斯方式(Alpine Style)：对于许多登山者来说，最简洁的登山方式是只携带一个背包向上攀登直到顶峰。这种简单的队伍通常由 2~4 人组成，他们容易制定计划，但采用这种方式登山，大大限制了队员所携带的装备数量，而且队员们在登山时需要将各种装备塞进背包，还必须想方设法通过各种装置将那些背包难以容纳的装备拖上山。登山队采用探险方式或简洁方式登山时，能够携带大量的食物和装备；而采用阿尔卑斯方式登山的特色在于其队伍只携带生存所必需的装备和食物。

极限阿尔卑斯方式(Extreme Alpine Style)：有些路线对大多数人来说，由于其难度系数太大或条件太恶劣而不能一次或在无援助的情况下完成，以阿尔卑斯方式来完成这样的路线就被称为极限阿尔卑斯方式登山。采用这种方式并获得成功的关键要素是快速、轻装前进，通常不携带帐篷，并且要在天气转坏或高山病发作之前登上顶峰并返回。目前只有少数几个人有能力采用这种方式进行攀登。有据可考的极限阿尔卑斯方式登山，应该是从 1953 年赫曼·布尔(Hermann Buhl)攀登南帕尔巴特峰(8 125m)开始的。

组合登山方式(Combined Style)：也就是说在一次登山活动中混合运用多种登山的方式。没有必要评论采用何种登山方式更有意义，也没有必要将其分出优劣。几乎任何一次登山探险活动都会在某些特定的情况下采用相应的登山方式。

商业性攀登(Commercial Expeditions)：商业性的登山活动与登山探险有着很大的区别。当登山者花钱请他人组织登山并制定计划时，似乎缺少了对于团队和登山活动的激情。但另一方面，从理论上讲，如果其他同伴都是有经验的登山者，那么参加商业登山便能够节省大量的时间和精力。对于一些人来说，跟随高山向导登山意味着梦想的实现。而对于另一些人来说，他们则希望从高山向导身上获得经验，然后有机会时再组织、筹划自己的登山计划。

二、"技术登山运动"的开创

1890 年 7 月，英国登山家马默里(A. F. Mummery，1868—1895 年)首创了钢锥、铁锁、绳结等工具，利用新的技术从当时认为无法攀登的兹尔玛特山脊登仁玛达崔隆峰，随后，又登上 4 座针状山峰及其他一些阿尔卑斯山峰，使登山运动在技术上取得了重大突破，开创了"技术登山运动"的时代。他所创造的这种登山技术，后来被称为"马默里登山法"。这位最先把登山运动从西欧阿尔卑斯低山区引向喜马拉雅高山区的先驱者，于 1895 年 8 月在世界登山史上首次冲击 8 000m 以上高峰(南迦帕尔巴特峰，8 125m)时遇难。

20 世纪中叶，世界各国的登山运动取得了长足的发展。登山家们在向高山峻岭宣战的过程中，不断地创造出登山探险的奇迹。

意大利杰出的登山运动员莱茵霍尔特·梅斯纳，就是当时最具传奇色彩的人物，他以超凡的毅力和勇气，突破了喜马拉雅登山"季节禁区"而成为了世界上第一个在雨季不用氧气设备成功登上珠穆朗玛峰的英雄。1982 年，他首创出 1 人在 1 年内登上 3 座 8 000m 以上高峰的世界纪录。更令人无比惊奇的是，经过 16 年的努力，到 1986 年底，梅斯纳又率先征服了全球所有的 14 座 8 000m 以上的高峰，创造了世界登山运动史上的伟大奇迹。

第五节　世界登山运动大事记

所有的登山爱好者都应该记住现代登山运动历史长河中取得的成绩，以下记录了那些对后来的登山运动产生了深远影响的事件，其中包括采用的新技术、新装备以及其超人的勇气。在人类漫长的登山历史中，发生过各种各样的事情。而这里记录的仅是那些发生在人迹罕至、空气稀薄的高山地带的创举。

1883 年，英国人威廉姆·格瑞汉姆率领一支小型登山队(其中包括一名专业向导)来到喜马拉雅地区。他们的目的只有一个：攀登喜马拉雅地区的山峰。他们宣布登上了卡布鲁峰(海拔 7 341m)和印度格尔瓦地区的其他一些山峰的顶峰。

最重要的是，这是第一次在喜马拉雅地区的登山活动，同时这次活动对小型团队采用阿尔卑斯方式登山起到了推广作用。

1892年，英国人马丁·卡尔文率领一支庞大的登山队探索了喀喇昆仑山区。他们采用的传统探险方式成为了后人效仿的模式。这次探险的目的是在巴尔陶若地区进行地质勘探、绘制地图和登山。卡尔文组织的探险队的规模很庞大，其成员包括科学家、测绘员、向导和艺术家。这是人类在探险过程中首次雇用夏尔巴人和郭尔喀族人。

1895年，英国人阿尔伯特·麦姆瑞率领了一支小规模的登山队在没有向导协助的情况下登上了位于喀喇昆仑山脉的南迦帕尔巴特峰。这是人类登山史上首次攀登超过海拔8 000m的高峰，麦姆瑞以及两个郭尔喀族人在登山途中失踪。虽然他低估了这座山峰的难度，但是这次登山突出了小型登山队轻便灵活的优点。

1902年，英国人奥斯卡·艾克斯特恩组织了一个小规模的乔戈里峰登山队。他们沿乔戈里峰的东北山脊进行攀登，途中遇到了一系列问题，使他们意识到攀登海拔超过8 000m的山峰要比攀登阿尔卑斯山的难度大得多。瑞士医生杰克特·基尔姆德发现一名队员患上了高山肺水肿，随后将他运到了低海拔处，从而挽救了他的生命。

1906年，美国人芬妮·布洛克沃曼登上了位于印度嫩贡山脉中的平纳克尔峰的峰顶，创造了女子登山的新纪录——海拔6 957m。

1907年，英国人汤姆·罗恩斯泰夫和他的同伴登上了海拔7 000m以上的山峰——位于印度格尔瓦地区的德里苏尔山（海拔7 120m）。同时登顶的还有艾里克斯和意大利专业登山向导汉瑞·布鲁海尔以及盖克·卡贝尔。虽然他们在攀登中携带了氧气瓶，但是由于这种装置不实用而没有能够派上用场。

1922年，英国人查尔斯·布鲁斯率领第一支攀登珠穆朗玛峰的登山队攀登珠穆朗玛峰。乔治·芬斯和杰弗里·布鲁斯创造了登至海拔8 380m的记录，他们在攀登中使用了氧气和绒毛衣。

1924年，乔治·马洛里和同伴安德鲁·欧文究竟有没有登顶珠穆朗玛峰，始终是世界登山界最大的一个谜，如果他们成功登顶，将把这个历史时刻提前29年。乔治·马洛里参加了人类前三次对珠穆朗玛峰的尝试，并最终消失在海拔8 600m的暴风雪中，再也没有回来。马洛里18岁的时候就喜欢上了登山运动，在那个被称为"阿尔卑斯黄金时代"的日子里，年轻的马洛里并不是欧洲大陆最优秀的攀登者。然而，他对于登山运动有着极强的进取心和巨大的兴趣。1921年，他作为第一支珠穆朗玛峰登山队的一名成员，曾因为固执和缺乏地形知识而大吃苦头。接下来便遭遇了季风季节的恶劣天气，让他和伙伴布洛克在帐篷里足足待了三个星期。那一次，他到达了北坳，并测量出这里的海拔高度是6 985m。由于全队处于极端疲惫的状态,这一年的侦察没有向更高的地方前进,但是他们终于找到了通向顶峰的路。这次攀登确立了适合于攀登8 000m山峰的"金字塔攀登方式"。1922年,马洛里第二次来到珠穆朗玛峰,并被邀请担任攀登队长。由于马洛里和剑桥校友索马威尔对体育精神的坚持,使得他们难以接受对氧气的尝试。当马洛里等4人到达8 170m的高度并返回时,发生了滑坠事故,幸而做保护的马洛里的快速反应才拯救了同伴的生命。这一次攀登,其最终到达了海拔8 300m,离顶峰只有500m之遥。这一年活动的一个最大收获是,发现了氧气的确切效用,并确立了高山氧气设备的基本模式——气瓶、气管、面罩,后来的人们只增加了一个调节器。1924年,第三支珠穆朗玛峰探险队来到山下,马洛里依然在队伍中,这一年他38岁,他和22岁的牛津大学划船队队员欧文自告奋勇地担任了最后突击顶峰的任务,6月8日午后不久,马洛里和欧文从8 256m的突击营地开始向峰顶进发,但一场突如其来的暴风雪淹没了他们的身影——他们再也没有回来。队长诺顿观察到他们的最后位置是在海拔8 600m附近。

马洛里最为人知的,是他的一句名言:"因为山在那里。"这句话既是被大众传媒无数次错误引申的亮点,也曾激励了许多新人踏入登山的行列。1924年,随队的记者在营地一个劲地追问他为什么还来珠穆朗玛峰,被问得不耐烦的马洛里最终没好气地回了一句:"Because it is there."就掉头而去了。而真正的喜爱,是没有理由的。

后记:1999年,美国登山队的科拉德·安珂意外地在距珠穆朗玛峰峰顶600m处的冰雪中,发现了一具像大理石雕像一样洁白的尸体遗骸。遗骸面庞朝下趴在山腰,双臂外张,双手深深地插入冰冻的土中,他的右手臂严重折断,肩部重伤,两腿部位也有多处骨折。安珂和队员们从尸体残留的衣服碎片以及其他的遗物上证实,遗骸就是失踪了整整75年的乔治·马洛里。马洛里曾许诺将把妻子的照片留在峰顶,作为成功登顶的物证。但人们在清点他的遗物时唯独没有找到那张照片。

1934年,英国登山者艾瑞克·夏普顿、比尔·泰勒迈以及3名夏尔巴人采用轻型阿尔卑斯风格的登山战术,在印度发现了通往楠达德维山峰(海拔7 816m)的道路(前八次探险都失败了)。虽然他们的目的是对山峰进行侦察,而不是进行攀登,但是他们大胆而坚定的登山方式后来成为一种新的登山模式。

1950年,由毛里斯·海尔兹率领的法国登山队成功地登山上了安纳布尔纳峰(海拔8 091m),这是人类首次登顶超过8 000m的山峰。但海尔兹以及他的队友路易斯·莱克尼尔被严重地冻伤了。

1953年,德国和澳大利亚联合登山队登顶了南迦帕尔巴特峰,奥地利登山者赫尔麦·布尔创造了一项奇迹:他独自一人从前进营地直接登顶,并在峰顶附近露营,而且奇迹般地存活下来。

1954年，法国登山队从位于阿根廷境内的阿空加瓜峰（海拔6 962m）巨大的南壁登上顶峰。这是人类在这样的高度下，首次沿难度系数如此大的路线登顶。

1954年，一只由赫尔伯特·蒂克率领的仅携带少量装备的奥地利小型登山队首次登顶了卓奥友峰（海拔8 201m）。这支探险队仅由蒂克和他的2名朋友以及4名夏尔巴人组成。这是人类首次以如此小规模的登山队在秋季季风期登上了8 000m以上的山峰。

1955年，苏格兰的3位女性——依芙琳·凯姆拉斯、莫妮卡·杰克逊和伊丽莎白·斯坦克，组成了第一支完全由女性组成的喜马拉雅登山队。她们不仅首次成功登上了朱格希玛尔山峰，而且对尼泊尔这块无人知道的地区进行了勘查并绘制了地图。

1963年，美国珠穆朗玛峰登山队的汤姆·哈恩贝和威利·阿尔塞德首次从西山脊登顶珠穆朗玛峰，并从东南山脊下撤，这是首次跨越地球上最高的山峰。

1967年，一个国际登山队第一次在冬季登顶了阿拉斯加的麦金利峰（海拔6 194m）。即使在夏天，麦金利峰仍是地球上最寒冷的山峰之一。这次登顶为冬季攀登喜马拉雅地区的山峰提供了依据。

1970年，意大利人莱茵霍尔·梅森纳尔登上了南迦帕尔巴特峰。他们从鲁巴尔地区一侧采用传统探险方式登上了顶峰，并且进行了一次没有计划的跨越。他的兄弟哥特尔和他一起登顶，但在下山途中遇难。梅森纳尔的技术和毅力使他通过严酷的考验并最终成为第一个登上所有14座海拔超过8 000m山峰的人。

1975年，莱茵霍尔·梅森纳尔和奥地利人彼得·哈普勒第二次登顶了加舒布鲁姆Ⅰ峰。这次登顶是在没有使用氧气的情况下，采用纯粹的阿尔卑斯方式完成的。这是人类首次在攀登8 000m以上高峰时采用这种方式。

1976年，英国登山者彼德·勃德迈和乔·塔斯克从陡峭的西壁攀上了印度的昌加邦峰（海拔6 865m）。这是第一次在喜马拉雅山区采用约塞米蒂式（Yosemite-type）峭壁攀登法登顶，同时他们还使用了悬挂式帐篷。

1978年，莱茵霍尔·梅森纳尔和彼得·哈普勒在没有使用氧气的情况下登顶了珠穆朗玛峰。在此之前所有登顶珠穆朗玛峰的人都使用了氧气。但到现在还不确定的是，在这种情况下不使用氧气大脑是否会受到伤害。

1978年，莱茵霍尔·梅森纳尔从一条新的路线独自登顶了南迦帕尔巴特峰，这是人类首次在没有支援的情况下独自成功登上了一座海拔超过8 000m的山峰。

1980年2月，波兰登山者莱斯克·赛克和克里斯托夫·威利克从南山口路线登上了珠穆朗玛峰顶峰，这是人类第一次在冬季登顶了海拔超过8 000m的山峰。

1980年，莱茵霍尔·梅森纳尔独自一人在没有援助和氧气的情况下登顶了珠穆朗玛峰。他此次攀登是在8月季风期里完成的，当时珠穆朗玛峰附近没有其他任何登山者。

1984年，莱茵霍尔·梅森纳尔和他的同胞意大利人汉斯·凯姆兰德首次在一次登山中登顶了两座海拔超过8 000m的山峰——加舒布鲁姆Ⅰ峰和加舒布鲁姆Ⅱ峰。

1985年，大卫·布鲁塞尔作为高山向导协助美国人蒂克·贝斯登顶了珠穆朗玛峰，这是第一次成功登上海拔超过8 000m高峰的商业登山活动。从此在珠穆朗玛峰和喜马拉雅山脉的其他山峰，商业登山运动迅速流行起来。

1985年，波兰登山者维尔泰克·科特尔和奥地利登山者罗伯特·斯考尔只用了11天的时间就从陡峭艰难的加舒布鲁姆Ⅳ峰西壁成功登顶（海拔7 925m），其中西壁垂直高度是2 500m，这是第一次有规模如此小的队伍以阿尔卑斯方式攀登技术难度如此大的路线。

1989年，斯洛文尼亚人汤姆·卡森独自一人在23h之内登上了贾努峰（海拔7 710m）垂直高度达2 800m的北壁，这是第一次单人成功地攀登技术难度如此大的路线。

1990年4月，汤姆·卡森独自一人攀上了洛子峰（海拔8 516m）海拔3 300m的南壁。这条艰难的路线布满了险峻的岩石、峭壁和积雪。

1990年，瑟葛尔·勃尔舍夫和维迪米尔·卡拉特耶夫作为俄罗斯登山队员第一次在季风期从洛子峰南壁登顶成功。从这条路线进行攀登被公认为是世界上难度最大的登山活动之一。

1999年，斯洛文尼亚人汤姆斯·海默独自一人从道拉吉里峰（海拔8 167m）海拔4 000m的南壁向上攀登，但没有登上顶峰。由于连续的高技术难度路线（M7+），使这次为期9天的攀登被认为是一项杰出的成就。

第六节　神奇与魅力所在的现代登山运动

现代登山运动始于欧洲，发展至今仅100多年的历史。登山探险作为一项独特的体育运动，以其迷人的魅力风靡整个人类社会。人毕竟是从山野走出来的，对自然的渴望和对先辈开创生存之路的那种不屈精神的追求，使越来越多的人走向高山大川、冰峰雪谷。在这条艰苦而壮丽的攀登之路上，所有的加入者都发现，这项运动赐予人的收获是如此之大。对生活与人生的热爱，战胜困难的勇气和信心，宽阔而豁达的胸怀，以及生命的真谛，都是雪岭冰峰所给予的。

金冰镐推崇："在攀登所传载的人类价值中，生是最高的价值。攀登使我们更加认清生命中那些本质的要素。但是，死亡永远都是失败！死亡不能被奖励，至多是吊唁。"这是法国创办的金冰镐奖中所推崇的登山精神。

第二章

装　备

第一节　防寒装备

登山时衣着必须配合环境的变化,而要考虑的环境因素有四个:高度、风速、湿度、温度。

当人体处在静止的环境中时,其热量散失较少,若有风,则流动的空气会不断地将热量由体表移走,此时热量的散失是相当可观的,这种因风力所引起的风寒效应,使得体温在有风的环境中较实际气温低。在零度以下温度环境中,气温越低,风寒效应越显著,而海拔高度每上升1 000m,温度一般降低6℃。能加速人体热量散失的因素除了风之外还有水分,衣物在湿透之后,其绝缘保温效果大约减少39%以上,而水的冷却能力较之空气的冷却能力高23倍。假如衣裤湿了,体温则会被水分快速冷却下来,登山者很快便会感到寒冷难耐,此时若再加上寒风,尤其是在高山上,便有因失温而造成冻伤的可能性,因此登山者必须要考虑防寒装备的防风、防水、透气性。

一、贴身衣裤

贴身衣裤即第一层内衣,登山者一般很少穿棉质内衣裤,因为棉质为衣裤虽然舒适,但由于其吸水性较强且不易干,所以湿的内衣裤不利于保暖,而且会摩擦皮肤使之产生不适感。

二、保温衣物

保温衣物一般选择毛料的长衣长裤或抓毛衣裤。含毛量较高的毛衣毛裤能提供很好的保暖效果,即便湿了也还能保暖。登山时所用的毛衣以式样简单和保暖为主,所以一般选择圆领套头式或高领套头式毛衣。

保温填充料:羽绒衣裤保暖性强,压缩性也强,但会因潮湿而失去保温作用,所以其外层应该选择能够防水、防风、透气的面料。羽绒外套具有不同的隔间方式,单层隔间方式是最简易而价廉的缝制方式,不过由于在线缝处其绝缘厚度等于零,故防寒效果并不十分理想。而双层隔间的方式,因已考虑到衣服全面的绝缘厚度,故保温效果好。观察羽绒衣裤的质量及隔间方式是选择羽绒衣裤的要点,因为无法仔细观察羽绒质量的好坏,所以,只能用手去感觉,如果感觉较硬,甚至极为粗硬,则表示羽毛多而羽绒少,质量不好。还可观察其膨胀厚度,膨胀厚度越厚表示其防寒效果越好,用手掌将蓬松的羽绒衣压扁,看它复原速度的快慢,也可判断其质量的好坏。

选择羽绒衣时,袖口最好是粘贴式的,以便于脱戴手套,也可避免手腕受冷,而拉链以双层为最佳,以便在寒冷的高山上操作(图2-1)。

三、防风衣裤

防风衣裤的普通材料,其性能往往是防风、防水好的但常常透气性差,透气性好的则防水性差。而大家熟知的GORE-TEX面料不但能防风、防水,而且透气性也好,它能够

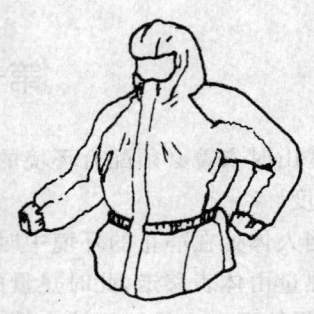

图2-1 羽绒衣

兼具防水性与透气性的关键在于其每个微孔的直径只有 $0.2\mu m$,聚集在材料表面上的液态水会形成分子团,其大小大概是微孔直径的2万倍,因此液态的水分不能通过微孔面使GORE-TEX面料具有防水性。另一方面,身体蒸发出来的汗液是以气态的水分子形式存在,而微孔孔径是蒸气分子的约700倍,故蒸气可以轻易透过微孔而蒸发于衣服外,因而使GORE-TEX面料具有透气性。GORE-TEX面料大多制成薄膜贴附在各种不同的高透气性纤维制品上或夹在这种材料当中,然后再制成睡袋、帐篷、防风衣裤、外套等登山装备。而GORE-TEX制品如果被油污等弄脏了,其防水性会减弱,因此需要定期对其进行清洗,以保持清洁,清洗时应避免搓揉,最好不要使用洗衣机清洗,一般直接用刷子轻刷其局部较脏的地方即可。

选择这种面料的防风衣裤时应注意以下几点。

(1)防风衣裤必须够大,能容纳多件保温层衣服。

(2)必须是连帽的,且帽檐、颈部有松紧带。

(3)衣帽也必须够大,可以容纳在内部再戴帽子。

(4)上衣长度要超过腰部,最好后面比前面的长一些,且双重拉链可以从上下两个方向拉开,这样便于使用安全带和操作,且拉链外部有可粘的保护层。

(5)冲锋裤的侧面要有长拉链,且拉链外部有可粘的保护层。选择吊带裤,可以遮盖身体的大部分,能防止冰雪粒在腰间熔化,所以保暖性强,但换衣和解手时不太方便(图2-2)。

(6)冲锋裤的臀部及膝盖处最好有附加层,因为在山上修路或休息时这两个部位与冰雪面接触最多。

四、帽子

根据研究显示,头部的表面积占整个体表面积不到1/10,然而当温度为15℃左右时,人体所产生的热量有1/3通过头部散失,当温度为-15℃左右时,即有3/4的热量经由头部散失。当温度为-40℃时,如果头部未加保护,则绝大部分的热量将从头部散失,所以,对头部的保暖防寒工作,在寒冷的环境中应该引起重视。

登山行军时一般应穿戴有帽檐且还配有护耳及护颈的帽子(图2-3)。当在较高海拔及较寒冷的营地帐篷内睡觉时,应戴套头露脸的保暖帽,它既可以包住头、颈部,也可以卷起来。若用睡袋蒙住头部睡觉,会使人呼吸困难,且睡眠不好。

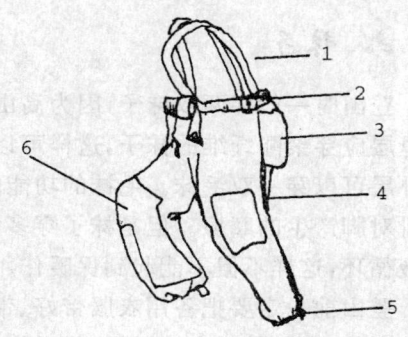

图2-2 吊带裤
1.背带;2.腰间松紧带;3.臀部附加层;4.侧面长拉链及粘口;5.裤口松紧带;6.膝盖部附加层

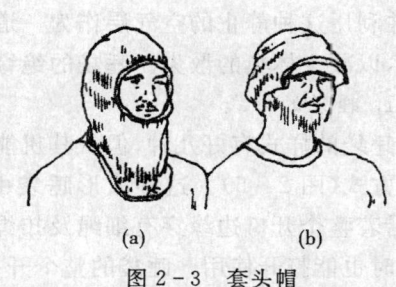

图2-3 套头帽
(a)放下来(保暖效果好);(b)卷起来

五、手套

手指是最难保暖的部位,因为寒冷时身体会减少四肢末端的血液流量,血液流量减少,手指的灵活度就减弱,使一般的操作都变得困难,而且容易冻伤,所以对手套的正确选择非常重要。很多登山者手指被冻伤,其原因与自身采取的保暖措施和手套的质量有直接关系。

手套分并指手套和分指手套,在寒冷的情况下登山行军时应先戴一双较薄的分指手套,然后再戴一双并指手套。行军时所戴的分指手套一般是聚酯羊毛料做成,其不仅具有隔离空气的效果,而且易干燥。而并指的防风、防水手套是外保护层,手背部分为防水、防风、透气的材料,手掌部分另加有防滑的附加层,手套口应盖过冲锋衣的袖口。分指防风手套如图2-4所示。

图2-4 分指防风手套

六、袜子

登山时一般穿两双袜子,因为高山靴几乎不透气,脚上的汗水会逐渐聚集,所以里层应穿聚酯纤维的袜子,这样可以将汗水传到外层的袜子,使足部保持干爽,而外层可以穿一双毛袜。毛袜的功能除了对脚部起保暖作用外,还能相对减少登山靴对脚产生的摩擦。但是袜子穿多了,会导致靴内过紧,若脚趾不能动则会阻碍血液循环,这样不但不能起到保暖作用,脚趾反而更容易冻伤。

登山前一定要把备用衣服带好、带全,并准备充分,特别是袜子、帽子、手套、贴身衣服等,尤其是手套,有时冻伤手指的直接原因可能就是因为手套的质量所致。

七、睡袋

睡袋的保暖原理:睡袋是通过其内部蓬松的填充物,形成一层不流动的空气层,并利用这种静止的空气层作为一道防线,来隔开外界的冷空气与人体所产生的热气,以减少体热的散失。睡袋的绝缘保暖效果,主要取决于其绝缘层的厚度。

1. 睡袋的样式

睡袋的样式有好几种,但从其机能和保暖性能上考虑,"人形"是最优良的睡袋设计方式(图2-5)。这种人形睡袋由上至下逐渐变窄变小,其头部大概呈半圆形,沿着整个开口边缘穿有细绳及扣绳器,在寒冷的情况下能收紧而只露出脸部;暖和时也能打开使用。睡袋的整个开口在睡袋的一侧,有长至末端的双拉链,当气温回升或感到闷热时一般打开睡袋的下面,使脚部通风。为了避免拉链卡到布料中,拉链侧应设计有止卡布,而且拉链后须有管状隔离层,以避免散热。

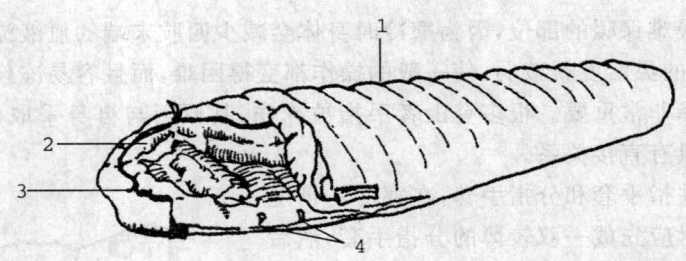

图2-5 睡袋
1.透气防水的外层;2.开口的松紧带;3.头部周围的厚垫;4.管状隔离层

2. 绝缘填充料的种类

睡袋的保暖度、重量、价格主要依填充料的种类和品质而定。填充料中,以羽绒最为保暖,且羽绒睡袋有厚、暖、易压缩、不变形、经久耐用的优点。羽绒的缺点是价高、易吸水,并且羽绒潮湿后则变得不蓬松,失去绝缘效果,毫无保暖作用。

3. 绝缘填充料的缝法

羽绒睡袋有好几种固定羽绒的缝法,其中,斜管状缝法则直接把羽绒的两层布料缝在一起,此法简单、便宜,但热气会从针孔散失,不适用于登山;叠瓦状缝法是将一块块合缝如瓦片般交叠缝制,以盖住针孔,避免热气从针孔散失,但须缝二至三层,并错开缝线。

暖和的睡袋可烘干手套、袜子和靴垫等小物件,但千万不能穿着多件湿衣物入睡,这样睡袋内则没有了流动的热气,就不易使身体暖和。

4. 睡袋的选择及保养

睡袋上一般标有睡袋的适用环境最低温度指数,也就是以使用该睡袋在所标示的最低温度环境里仍能感觉舒适为准。影响睡袋使用温度的因素很多,这种指数是否符合个人需要,还要考虑到帐篷的质量及环境的情况等。睡袋务必保持干燥,平时应风干,不可暴晒,更不得烘干。凡是羽绒制品,除非实在有必要,应尽量避免清洗,所以对睡袋的清洗要特别慎重。如果只是局部特别脏,只清洗局部就可以了,若平时有使用睡袋内套及睡袋外套的习惯,便只须清洗睡袋的内套和外套就可以了,不必清洗睡袋本身。

八、高山靴

高山靴由内靴和外靴组成(图 2-6),内靴由特殊保温材料制成。

图 2-6 高山靴

各种品牌的高山靴,其质量不太好比较,以下主要介绍选购高山靴时应注意的一些问题。

(1)买高山靴时,应把登山常穿的厚袜子随身带好,试穿高山靴时先把袜子穿上再试靴,然后把靴带系好,可能的话,背上背包行走几分钟,看靴子内部的线条是否符合你的脚型。

(2)一双合脚的靴子,它应该紧紧地保护着脚跟,脚指应有足够的活动空间。

向前倾斜身体时,脚趾不会挤在一块儿。站在一个向下的斜坡上,最能测知脚趾是否有足够的活动空间。

(3)穿上厚袜子,再穿上内靴,试着用脚趾往前顶,然后看脚跟后面能否塞进两个手指头,若能塞入,则比较合适。

(4)如果靴太紧,则会阻碍血液循环,使双足变冷,增加冻伤的机会。太紧或太松的靴都会把脚磨出水泡,所以高山靴一开始就要试穿好,这种靴不像皮靴,穿久了就能合脚。高山靴是否合脚,不仅影响行军的舒适感和速度,而且更影响双脚的安全,尤其是在高山上。

(5)登山之前一定要修剪脚趾甲。

同时,对登山靴的保养同样重要。应尽量避免在碎石坡上经常使用,下山后应解去靴带,用干布或刷子擦去靴子上的泥土类附着物,使靴子的皮面保持清洁。若靴子太脏则应用水洗,水洗后不可暴晒,因为热度会损伤皮质、缝线和粘胶等。湿的登山靴应塞以纸巾来吸收水分,待其干燥后,放在阴凉干燥处。要想使你的高山靴耐穿而舒适,应该对其悉心保养以及爱护使用。

九、雪套

雪套的作用是在登山时防止雪粒等进入高山靴内,从而保持脚部及内靴的干爽(图2-7)。各种雪套的侧面都有拉链及粘布,雪套顶部有各种松紧带。依据雪套与高山靴的连接形式可以将靴套分为以下三种。

(1)挂式雪套:最常用,易穿戴,但是雪套与高山靴的连接不十分牢固。

(2)套式雪套:比较牢固,但不便于穿脱高山靴。

(3)连体雪套:直接与高山靴连体,非常牢固,但不经济,易报废。

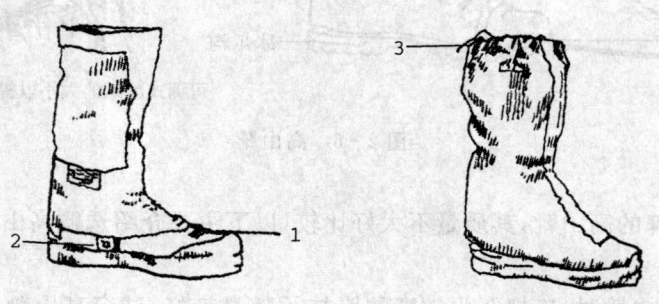

图2-7 雪套
1.与高山靴连接的挂钩;2.底部的挂带;3.套口松紧带

第二节 背 包

在登山的过程中,背包的质量将直接影响到行军时的安全,而打包的方式则会影响到行军时的舒适感和易疲劳程度,所以,这里主要介绍背包的选择及打包的要领(图2-8)。

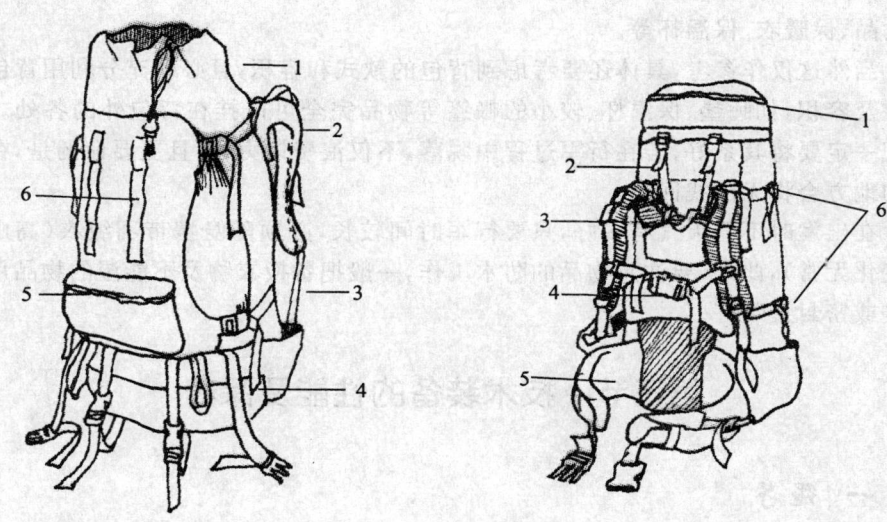

图2-8 背 包
1.顶盖;2.负重带或肩带;3.雪杖袋;4.冰镐环;5.冰爪袋;6.多用挂带

1. 背包的选择

选择背包时,首先要考虑到你的用途,如果是参与一般的野外活动及攀登高山时,则所用的背包不大,且登山所用的背包上也没有许多零件。

首先要对背包的容积进行选择,一般登山时使用容积为60L以上的背包即可,当然这要根据自己行军时所带的物资多少而决定。

其次要注意背包是否合身,背包的调节范围必须符合自己的背长,背包的款式及舒适程度要亲自试了后再作选择。当抬头时应避免头部碰到背包的框架或顶端的口袋;背包所有接触到身体的部分是否有足够的软垫;查看背包的内架及缝线的结实程度。特别要注意背包肩带的厚度及质量,还要检查背包是否有胸带、腰带等及其调节带,还要检查背包是否具有提环、冰镐环、冰爪袋及压缩带等功能,以及拉链的方便、牢固程度。

2. 装包前的检查

个人物品有睡袋、睡垫、路餐、保温杯、鸭绒衣或冲锋衣;一般容易遗漏的物品有墨镜、防晒霜、唇膏、头灯、小刀、火种、纸、备用袜子、厚手套、套头帽、手表等。

集体物品有帐篷、雪铲、绳子、套锅、燃料、食品、雪锥、冰锥等,还要检查分给个人背的集体物品。

3. 装包的要领

睡袋一般放在背包的最底层,因为睡袋是到了营地后最后才取用;其次放坚硬而体积大的物品,如帐篷等;再次放坚硬而体积较小的物品,如燃料、套锅等;最后放食品、保暖衣、保温杯等。

当然这仅作参考,具体还要考虑到背包的款式和容积,且必须充分利用背包的零件及容积,如睡垫、保温杯、较小的帐篷等物品完全可以挂在背包外的各处。但切记一定要将其系好,若在行军过程中脱落,不仅浪费体力,而且更要命的是,在较陡的地方会将无法找回。

在出发时不管天气有多好,只要行军时间较长,必须随身携带羽绒衣(高山气候变化无常),此外,要注意物品的防水工作,一般把备换衣物及不能湿的物品用塑料袋或密封袋装好。

第三节 技术装备的性能及保养

一、绳子

攀岩过程中最直接的危险来自于脱落对人体产生的冲击力,使用攀岩绳是解决这一问题最主要的手段;绳子是由高强度的尼龙按特殊的方法编织而成,其结构上由绳芯、表皮两部分组成,具有较大的延展性,可以吸收脱落时所产生的大部分冲击力,从而降低对攀登者的伤害。在攀登者与保护者之间建立一种可靠的远程联接,为操作者提供安全的平稳过渡。

1. 攀岩绳的性能指标

(1)冲坠系数＝冲坠距离/有效绳长;

(2)UIAA 标准实验;

(3)冲击力;

(4)延展性;

(5)UIAAFALLS;

(6)表皮与绳芯的每米长度差。

2. 绳子的分类

(1)动力绳(Dynamic rope)。动力绳的特点和性能指标:直径为 8～12mm,常用的为 10mm 或 10.5mm;延展性为 6％～8％;适用于攀登。

(2)静力绳(Static rope)。静力绳的特点和性能指标:静拉力为2 000kg;延展性为20%;颜色是由一种主色覆盖率达到80%以上(目前主色常见的为白色、黑色),适用于无太大冲坠的操作、下降、探洞、救援等。

(3)路绳(Cords)。路绳的特点和性能指标:性能为耐磨;多为白色;适用于攀登中的辅助保护。

3. 绳子的种类

(1)单绳(Single rope):可单独使用;符号为①;直径为9.4～11mm,一般长度为50m、60m、100m;重量为每米60～80g;主要适用于竞技攀登(Sport climbing)。

(2)双绳(Double rope):除下降外,必须两根绳子同时使用,但两根绳子可轮流挂入不同保护点;符号为⑫;直径为8.1～9.4mm;重量为每米47～54g;8.2mm双绳常用于攀冰(Ice climbing)、大岩壁攀登(Big wall)、器械攀登(Aidclimbing)、登山结组。

(3)半绳(Twin rope):在任何情况下都必须两根绳子同时使用,两根绳子必须同时挂入每个保护点;符号为∞;直径为7.4～8.0mm;重量为每米37～43g;用途与双绳类似,但由于要双股同时通过一个保护点,所以更安全。

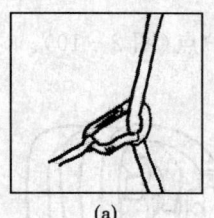 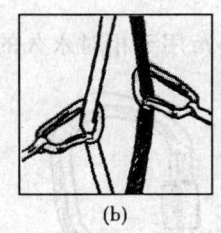 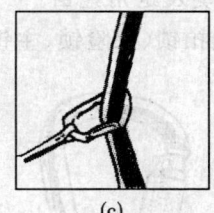

(a)　　　　　　　(b)　　　　　　　(c)

图 2-9　绳子的种类
(a) 单绳;(b) 双绳;(c) 半绳

4. 绳子的使用方法和注意事项

登山所使用的绳子必须经过国际攀联(UIAA)或欧洲标准(CE)的认证;个人装备,不要转借;严禁购买旧绳子。

(1)绳子不能够接触的东西有:①强烈的紫外线;②油类、酒精、汽油、油漆、油漆溶剂和酸碱性化学物品;③水、冰、火、高温;④尖锐的东西(锋利的岩石、沙砾、冰爪、冰镐尖等)。

(2)每次使用绳子前都要对其进行检查,可用手把绳子捋一遍,看其是否粗细均匀、无鼓包、柔软度适中,以及有没有明显变硬或变软的地方和表皮有无破损。

(3)在使用绳子时,应注意以下几个方面:①要用绳包、绳筐或防水布垫在绳子下面;②绳子不能踩、拖,或当坐垫,以防止岩屑、细沙进入绳子的纤维里面对其缓慢切割；③应避免将绳子用作他途，如捆扎物品；④对绳子不能野蛮使用，如拖拉汽车等。

（4）绳子使用后，应注意以下几个方面：①解开绳子上所有的绳结；②将绳子存放于阴凉、干燥、通风处；③要避免经常清洗绳子。如需要清洗，应使用清水冲洗，如果要添加洗涤液，则必须使用专业洗涤液，清洗后作风干处理。

5. 绳子的使用期限

（1）更换绳子时需考虑其承受过的冲坠次数、使用频次、磨损程度等因素。

（2）对绳子进行编号管理，记录其购买时间、每次使用的时间、使用频率等。

如果绳子发生下列情况，则不能再次用于攀登：①承受过几次坠落系数接近于2的冲坠；②野蛮使用，如拖拉重物、汽车等；③被大的落石击中过，经检查有明显伤痕；④表皮明显破损；⑤超过使用期限（偶尔使用的绳子超过5年也应报废）。

二、铁锁

1. 用途

铁锁的用途是在保护系统中作刚性连接。

2. 分类及适用范围

（1）丝扣锁（保险锁、主锁等）：用于相对永久的保护点（图2-10）。

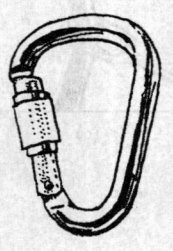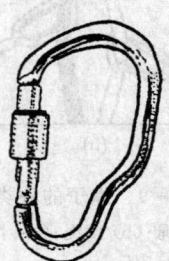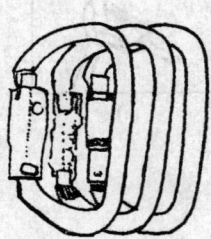

图2-10 附有保险扣的丝扣锁

（2）普通锁（简易锁、一般锁等）：用于临时性的保护点（图2-11）。

图2-11 普通锁

3. 性能指标

(1)纵身拉力:大于 20kN;

(2)横向拉力:大于 7kN;

(3)开门拉力:大于 7kN。

4. 使用注意事项

(1)保证纵向受力;

(2)丝扣锁在使用过程中要拧紧丝扣;

(3)尽量避免坠落,若坠落高度超过 8m,并撞击到硬物,就必须报废。

三、绳套

1. 用途

绳套的用途是在保护系统中作软性连接。

2. 分类及性能指标

(1)机械缝(Sling):抗拉力达 22kN;

(2)手工打结(Runner):抗拉力随扁带(或圆绳)的性质及打结的方式不同而改变,很难达到 20kN(图 2-12)。

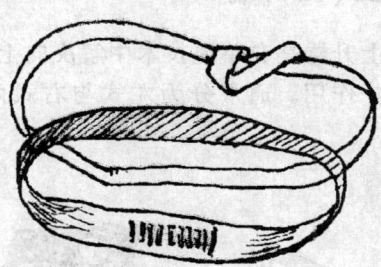

图 2-12 扁带的手工打结:平结

四、安全带

1. 用途

安全带的用途是为攀登者和保护者提供一种舒适、安全的固定。

2. 分类及适用范围

(1)可调式:用于登山、攀冰、攀岩等,其又可细分为以下几种:

全身式安全带:多用于飞降等类似的拓展项目;

跨档式安全带:多用于攀登高山,易穿戴;

坐式安全带:用于上述各项活动,是最常用的一种安全带(图 2-13)。

(2)不可调式:用于个人攀岩。

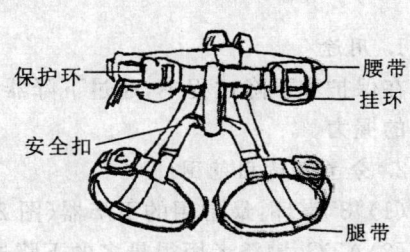

图 2-13 坐式安全带

3. 使用注意事项

(1)应经过国际攀联(UIAA)或欧洲标准(CE)的认证;

(2)个人装备,不要转借;

(3)尽量不购买二手货;
(4)分清其上下、里外、左右,不可颠倒、扭曲;
(5)选择大小相配、松紧适度的安全带;
(6)腰带和腿带必须反扣回去,反扣回去的长度应大于 8cm;
(7)攀登前或者进行操作前必须再一次对其进行检查;
(8)攀登过程中不能解开安全带;
(9)装备挂环不能承重(最多承受 5kg)。

五、上升器

上升器是在单绳技术中解决向上运动问题的器械,而在攀登过程中起到借力和保护作用。通常分为左式与右式两种,适用于不同用手习惯的攀登者(图 2-14)。

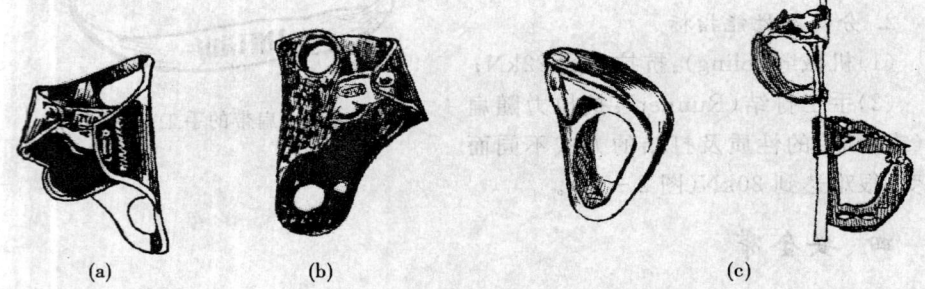

图 2-14 上升器
(a)胸式上升器;(b)无手柄式上升器;(c)便携式上升器

六、下降器

1. 用途

在保护和下降过程中,通过下降器与保护绳之间产生的摩擦力来减小操作者所需的握力。

2. 分类及适用范围

(1)"8"字环:最常用的下降器(图 2-15);
(2)ATC:攀登者用得最多的下降器;
(3)GRIGRI:可以自锁的下降器。

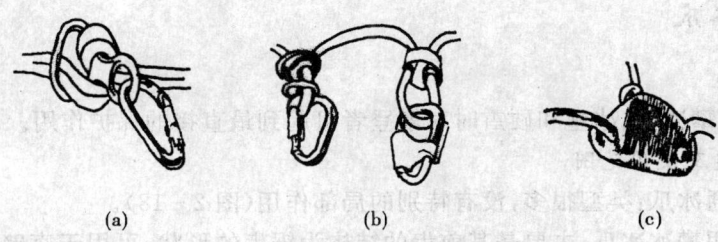

图 2-15 下降器
(a)"8"字环;(b)ATC;(c)GRIGRI

七、冰镐

1. 用途

冰镐是攀登过程中最重要、用途最广的登山装备之一,主要起到借力攀登和保护作用。

2. 分类及使用范围

(1)直把冰镐:用于攀登雪山的人随身的技术装备(图 2-16)。

(2)弯把冰镐:用于攀冰及登山修路的技术装备(图 2-17)。

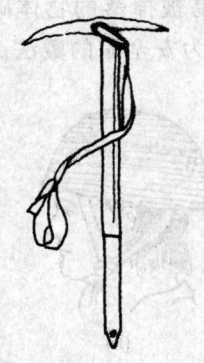

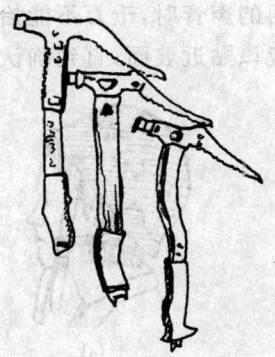

图 2-16 直把冰镐　　　图 2-17 弯把冰镐

八、冰爪

1. 用途

冰爪在攀冰坡、冰壁和硬雪时对攀登者可起到最直接的保护作用。

2. 分类及使用范围

(1)普通冰爪：类型很多，没有特别的局部作用(图2-18)。

(2)专用攀冰冰爪：主要是其前齿的结构为锯齿的形状，可用于直壁攀登(图2-19)。

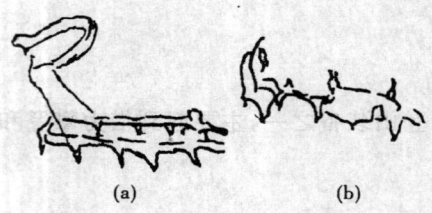 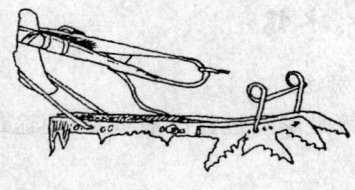

图2-18 普通冰爪　　　　　　　图2-19 锯齿形冰爪
(a)固定式冰爪；(b)可调式冰爪

九、安全帽(头盔)

安全帽在攀登过程中保护攀登者的头部免受落石、冰块或上方抛下的装备引起的伤害。在进行陡坡攀登时(尤其是在看不见上方攀登者情况下)，当听到从上方掉东西的声音时，千万不能抬头看上方，这样很容易被掉落的物体砸中脸部，此时头部应该贴近坡面，直到确认安全为止。图2-20为安全帽的戴法。

图2-20 安全帽的戴法
(a)错误的戴法；(b)正确的戴法

第三章

绳　结

在攀登过程中,绳子要与其他保护装备、固定点及绳子自身进行各种连接,以解决各种实际需要。绳结技术是确保攀登安全的基本技术。打绳结本身很容易,重要的是要能学以致用,要做到根据实际情况采取安全、高效的解决方案,这种能力的培养需要在实践中不断总结经验才能具备。下面从绳结的用途进行逐一介绍。

一、基本结

单结:打在绳头、绳尾以防止绳端松开。

二、与固定点的连接

(1)"8"字结:简单易学,十分牢固,拉紧后不易解开(图3-1)。

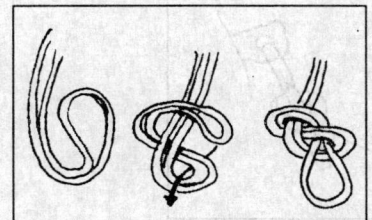  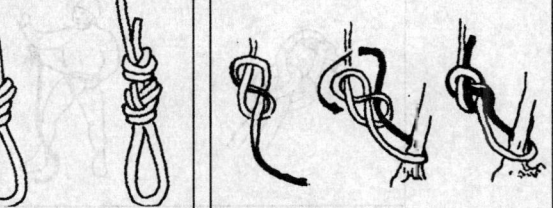

"8"字结的末端处理　　　　　双"8"字结连接固定点
（树桩、岩柱、人工建筑物等）

图3-1　"8"字结

(2)布林结:其优点是方便快捷,缺点是不受力时容易松动以至完全脱开(图3-2)。因此,最后一定要打绳尾结。

(3)蝴蝶结:可承受任何一端或绳圈的拉力而不会松开(图3-3)。其主要用于两人以上结组中连接中间人。打完结后两绳头成一直线,在结组过程中很适用。

(4)双套结:双套结是一种最常见的连接中间开放性固定点的绳结(树桩、铁锁等),当绳端负荷消失时易解开(图3-4)。其优点是打好结后易于调整保护者和

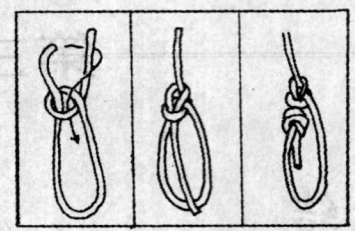
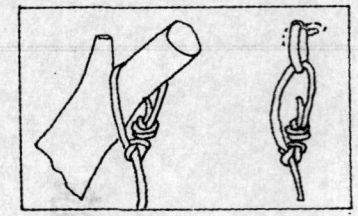

布林结的打法　　　　　连接固定点（树桩、人工建筑物等）

图 3-2　布林结

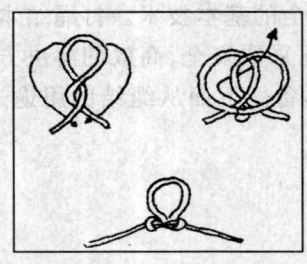
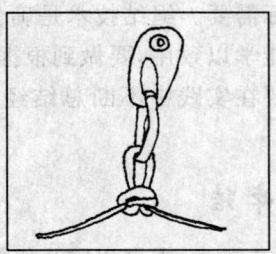

蝴蝶结的打法　　　　　　　连接铁锁

图 3-3　蝴蝶结

图 3-4　双套结

保护点之间的绳索长度，而不需要解开。在登山的修线和多段先锋攀登过程中应用广泛。

(5)单套结、活结：都是简单的绳结，常用来把绳套固定在岩锥、树桩、犄角状岩体上面等。

三、与安全带的连接

(1)双"8"字结：在先锋攀登中，保护绳必须用双"8"字结直接与安全带相连接。

(2)布林结：其不受力时容易松开（不建议使用）。

四、绳子间的连接

在攀登过程中，往往需要进行绳子间的连接，如接绳子、做绳套。接绳的绳结根据不同的情况分很多种，下面将作逐一介绍。

(1)平结：其用途广泛，绳子盘好后可用平结收尾，也可作为捆绑东西时的打结。

(2)"8"字结：其不但可以用于连接攀登者、固定点，而且可以用于两个绳头的连接，但受力后不易解开。绳尾须留绳子直径的8～10倍左右的绳长（图3-5）。

(3)渔人结：用于连接直径相同且小于8mm的圆绳，以做成绳

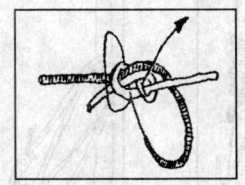

图3-5 "8"字结

套。绳尾须留绳子直径的8～10倍左右的绳长，最好用胶布缠上。实用的多为双渔人结（图3-6）。

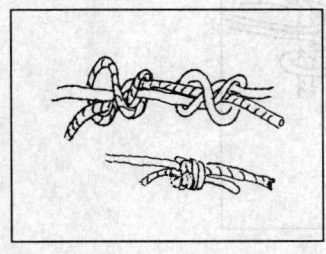 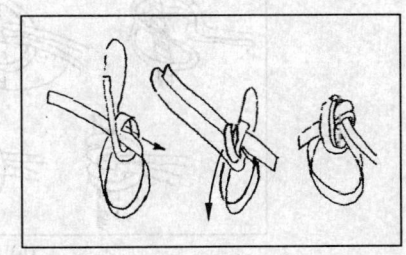

图3-6 双渔人结　　　　　　　图3-7 水结

(4)水结：用于连接管状扁带，以做成绳套（图3-7）。时间久了会松开，务必将其打紧。要经常检查打好的水结，若尾端太短须重打一次。绳尾最少留5cm左右。

(5)交织结：用于连接两条粗细不同的绳子（图中黑色标识的为直径细的绳子）（图3-8）。

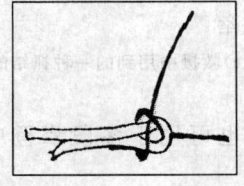 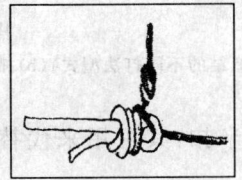

图3-8 交织结

五、特殊用途的绳结

(1)抓结：用来代替上升器。打抓结的绳子应比主绳细而软，否则会影响效果。当抓结受力时会抓住主绳，不受力时可以在主绳上下移动。其主要用于攀登者在下降、救援中的保护(图3-9)。

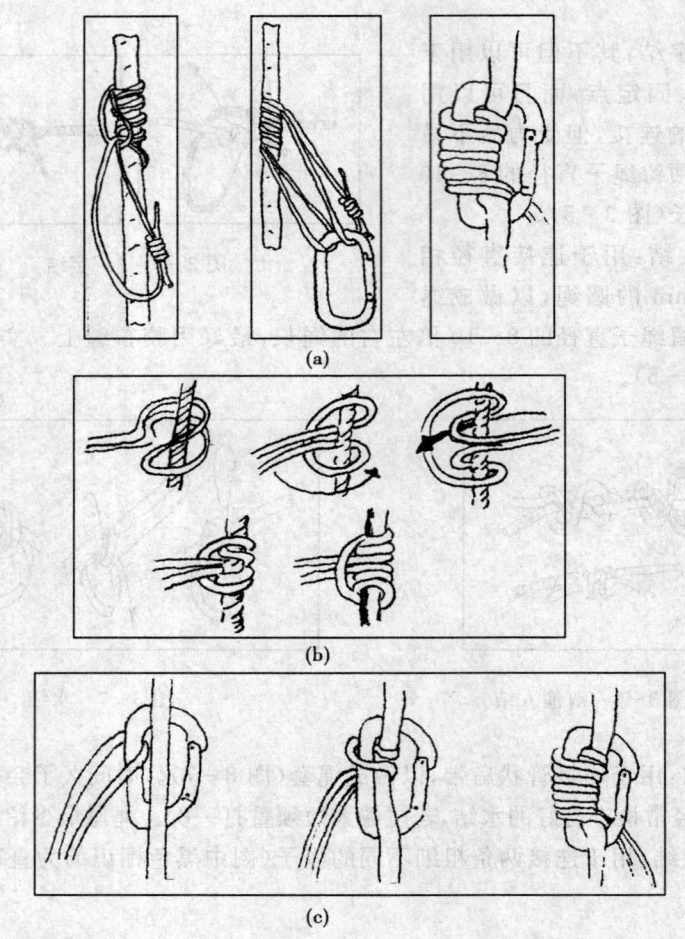

图3-9　抓结
(a)抓结的不同打法型式；(b)抓结的打法；(c)救援中用到的一种抓结的打法

(2)意大利半扣：其可用来代替下降器，也可用于多段攀登中的保护(图3-10)。

第三章 绳 结

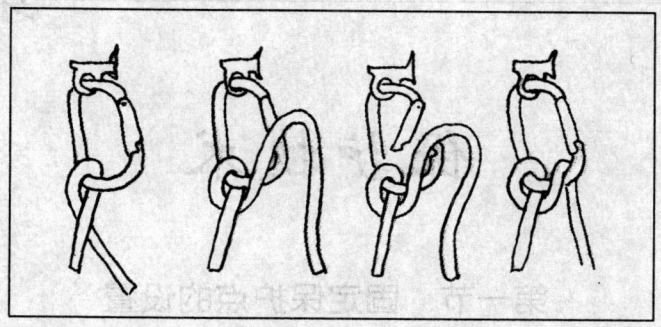

图3-10 意大利半扣

第四章

保护技术

第一节 固定保护点的设置

固定保护点分为天然及人工固定保护点两种。天然固定保护点包括可供绳索连接的岩柱、树木、雪墩、冰柱等;人工固定保护点包括各种类型的金属器械,如岩钉、雪锥、冰锥等,这些与绳套和铁锁就形成了一个固定保护点(图4-1)。

绳套的作用是拉长了绳索与固定点的距离,使绳索保持一条直线,减少固定点的受力及攀登者攀登时的绳索摩擦力。绳套一般可以与天然保护点直接连接。

铁锁是保护和攀登中最常用的装备,用来连接绳子和保护装置。在使用时其大头向下且背靠冰、岩壁,以便于绳子扣入(开口朝外),减少铁锁意外打开的机会。现在很多时候用的"快挂"就是绳套和铁锁的集合体,使用比较方便,但在使用时也必须注意上述情况。

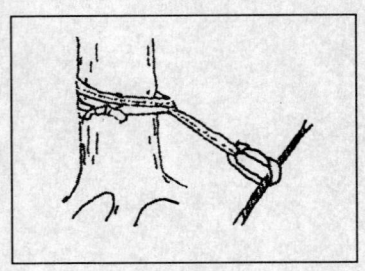

图4-1 固定保护点

一、天然固定保护点

岩柱、树木、雪墩、冰柱等是很好的天然保护点,但在使用前必须仔细测试其牢固程度和可承受力。如果判断错误,使用了松石、根浅且小的树木、脆弱的冰柱等作为固定保护点,则会导致保护失效,还会将树木、岩石、冰块拉下来,造成危险。

二、人工固定保护点

其在登山实战中用得很多的是岩钉、雪锥、冰锥、冰钩等,下面将逐一介绍。

1. 岩钉

岩钉是早期登山中常用的固定保护点,岩钉打入岩缝后由于热胀冷缩使岩缝变大,容易松脱,所以在使用时应仔细检查岩钉是否锈蚀、岩钉周围岩石是否风化等情况。在打岩钉时最好能将岩钉整个打入岩缝,且保持岩钉与拉力方向垂直。

经过检查认为其牢固可靠,则扣入铁锁,通过绳套构成一个保护点。不要使铁锁在受力时接触岩石,导致铁锁断裂或者打开;如果岩钉只有部分打入岩石中,但经过检查认为其足够牢固可靠,则可用双套结将绳套与岩钉连接(要靠近岩石),构成一个保护点。

2. 雪锥

在冰雪地行走常常需要固定保护点来确保攀登者的安全或利用绳子下降(图4-2)。但

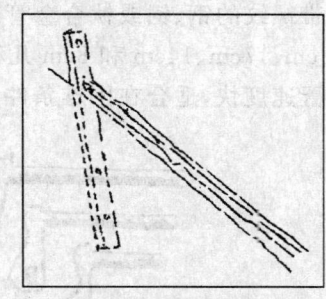

图4-2 利用雪锥做保护点

是雪中的固定保护点的可靠程度很难测定,这同雪况、设置方式有着很大关系。由于这种不确定性,就要求在攀登或下降过程中对固定保护点进行反复检查。

雪锥的形状很多,有 T 型、V 型、管型等(图4-3)。T 型和 V 型宽约一寸,管型直径在一寸以上,一般长度在 45～60cm 之间。在设置固定点时,要求雪锥与受力向呈 40°角打入。

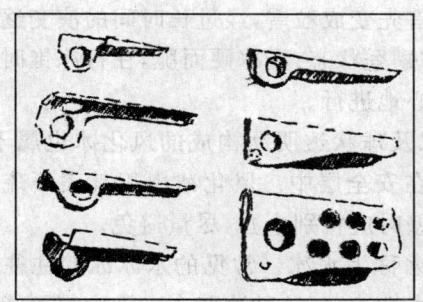 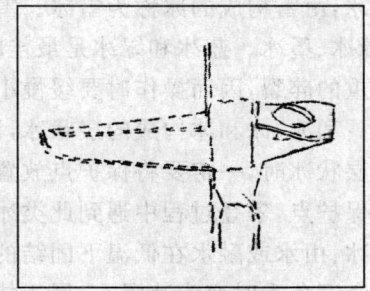

图4-3 雪锥的形状

在非常松软的雪况下,通常用一种阻雪板(Deadman)(图4-4),它是一种形状特别的铝板,且上面附有钢丝。阻雪板大小不等,通常尺寸越大,则固定能力越强。在埋设阻雪板时,角度要与拉力方向呈 40°角,并在雪里挖一条沟,让钢丝在受力时呈一条直线,防止阻雪板被拉出。

3. 冰锥

冰锥是在冰坡上行走和冰壁攀登

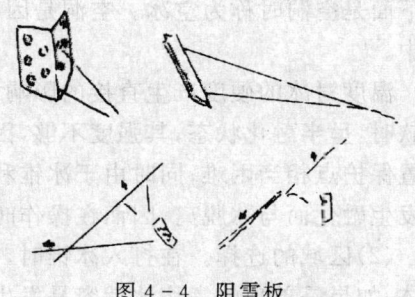

图4-4 阻雪板

中非常重要的人工固定保护器械(图 4-5)。其内部中空,前端呈十字断面,前半部是带螺纹的钢、铝或钛合金管,主要用于硬而易碎的冰面。管状冰锥的长度一般有 22cm、17cm、14cm 和 8cm 几种,其中一种为旋进旋出型,另一种为打进旋出型。其安置速度快,适合在困难条件下操作。

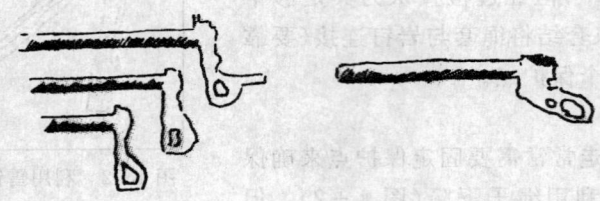

图 4-5 冰锥

(1)冰况。在设置冰锥以前有必要了解冰况。冰的质量主要由其形成的时间长短、周围空气的温度及其整体冰面状态来决定。自然界的冰壁中,冰以雪冰和水冰两种形式存在。

雪冰:由雪构成的冰称为雪冰。雪首先变成粒雪,经过长时间的演变逐渐成为蓝冰、绿冰、墨冰。蓝冰和绿冰是最佳的攀登状态;墨冰硬而脆,在打冰锥时很容易出现严重的碎裂,因而操作时要缓慢小心地进行。

由雪和冰、冰和冰构成的层状冰,以及球状透明冰构成的风化冰也属于雪冰。在攀登层状冰时,一定要将保护点放置在安全层中。风化冰由于其表面疏松而无法安置保护点,攀登过程中遇到此类冰壁时应特别小心,尽量避免。

水冰:由水或融水在低温下固结的冰称为水冰。常见的水冰冰壁往往是由夏季的瀑布至冬季时变为冰瀑布,属于技术性冰壁,这种冰壁在一天中都可能发生变化,不像雪冰那样容易判断。水冰可以形成蓝冰和绿冰,在极低温度下还可能形成墨冰,是理想的攀登场地,特别是在 0℃左右的温度条件下。

岩石表面上的薄冰称为岩表冰。攀登这种冰非常困难且不容易设置保护点。冰下面是空洞时称为空冰。空洞是因为冰层里冰融化而致,一般出现在蓝冰和绿冰中。

温度对冰的硬度产生直接的影响,温度越高则冰越软,温度越低则冰越硬。冰太软时,呈半融化状态,其强度不够,因此无法设置保护点;冰太硬时则易脆易碎,设置保护点相当困难;同时由于冰锥和冰的热容不一样,冰锥很容易因为其周围的冰发生融化而与冰脱离,因而在操作时应使用长一点的冰锥,并经常进行检查。

(2)区域的选择。在打入冰锥时,首先应观察打冰锥的区域是否与周围形成一整体,如果是单独的一块冰就容易发生脱落而出现危险;其次应判断冰层的厚度,如在冰锥可及的厚度内是否有岩石,是否会影响其牢固程度等,在一可疑区旋进时,动作不要太猛,防止损坏冰锥。一般情况下,天然的凹陷处是很好的选择,由于四周的挤压应力,冰锥造成的断裂线不容易到达表面。如果把冰锥打在突出处会造成冰面严重碎裂,使冰锥不牢固甚至完全失效。达到一段的终点时,需要做保护点给另一攀登者做保护,或者挂上顶绳,这时需要两个保护点。两个冰锥之间要相隔一定的距离,一般来说相隔距离应大于70cm,这样才能减少断裂线从一个冰锥延续到另一个冰锥,影响牢固程度(破碎的冰面,冰锥间的距离应该更大一些)。

(3)打冰锥的程序。根据冰面的不同状况,打冰锥的程序一般分为以下几步:

第一步,清除冰壁上的一层软雪和碎冰,露出坚硬牢固而平整的冰层。

第二步,用冰镐的镐尖凿出一个小孔,用于冰锥前齿和螺纹的固定。凿孔时动作要轻柔,以防止冰层碎裂。

第三步,将冰锥在小孔处向里旋,其方向可根据不同情况上偏10°左右或者垂直于冰面打入(图4-6)。

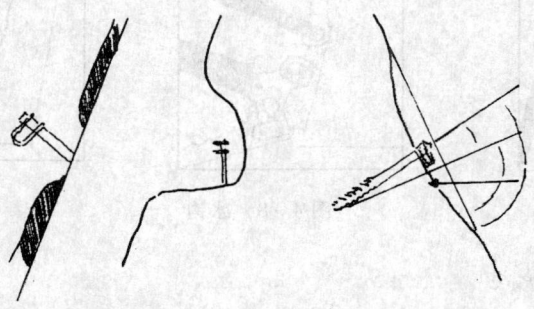

图4-6 使用冰锥示意图

第四步,在冰况较软的情况下,可能只需用手就可以将冰锥旋进(图4-7)。如果冰况很硬,用手无法完成时,可利用冰镐的镐尖将冰锥旋进。有的冰锥本身就有旋把,使用时更为方便。完成后,用碎冰将冰锥掩盖,以防止冰锥处冰融化,影响强度。

第五步,将冰锥旋到底,直至冰锥顶端底环牢固、紧密地接触到冰面为止。将铁锁或"快挂"扣在冰锥的环上,但须使其

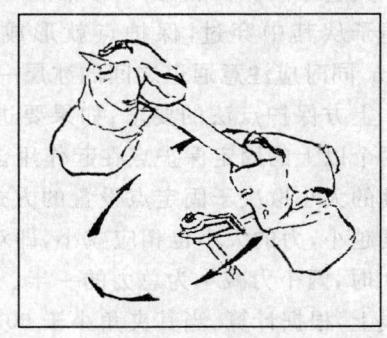

图4-7 冰锥旋进

大头朝下,锁口向外。如果遇到岩石冰锥无法完全旋入时,在判断冰锥牢固可靠的前提下,可用一个绳套在冰锥靠近冰面的地方绑起来,再扣上铁锁,这样可防止将冰锥撬出冰层。完成后,用碎冰将冰锥掩盖以防止冰锥处冰融化而影响强度。

第六步,冰锥取出后,管芯的碎冰一定要清除干净,否则冻上后则无法使用。如果出现碎冰很难清除,可用硬铁丝将碎冰捅出,也可以向管芯里面哈气使冰融化,或者用手将其握住,以手的温度使冰融化。

4. 冰钩

用钩子做保护点以前一般都用于攀岩,而现在也用于攀冰。冰钩的制作材料是钢(图4-8)。冰钩的好处是找到可放冰钩的位置时不用破坏冰的结构。在没有合适地点放冰锥时,冰钩也可当冰锥使用,直接从外向里锤入冰面即可。

 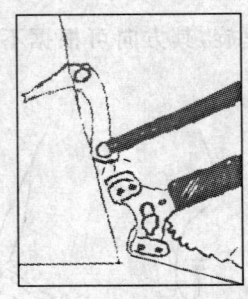 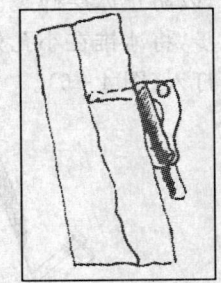

图4-8 冰钩

5. 冰柱做保护点

最常见的是用冰柱做保护点。遇到冰柱时,把绳子套在上面绕一圈挂上铁锁即成为一个保护点。当冰柱较细时,应在其旁边用冰锥做一个副保护点。

人造冰洞保护点,两个冰锥由一定角度旋进冰面相交而形成通道,从这个通道把绳子从其中穿过,保护点就形成了。其要求冰锥旋进冰面内的长度至少为15cm,同时应注意通道之间的冰层一定不能被破坏。

上方保护点法的要求:如果要进行 TOP-ROPE 攀登或者下降,必须有两个或两个以上的固定保护点在起作用。但在固定点和绳套强度一定的情况下,其安全性的大小取决于固定点设置的方式(图4-9)。如图4-10所示,两个力之间的角度越小,力的大小也相应减小,即对固定点和绳套的拉力也随之变小。当其夹角为0°时,两个力减小为总力的一半。由于两个固定点一般不会在一起或者在一条直线上,根据计算,当其夹角小于60°时,拉力随角度变化的速度非常慢,所以一般要求夹角小于60°。以攀登冰壁为例,在两个冰锥间的距离不小于70cm的前提下,通过调整绳套的长度将两绳套的夹角控制在60°以内就会比较安全一些。

第四章 保护技术

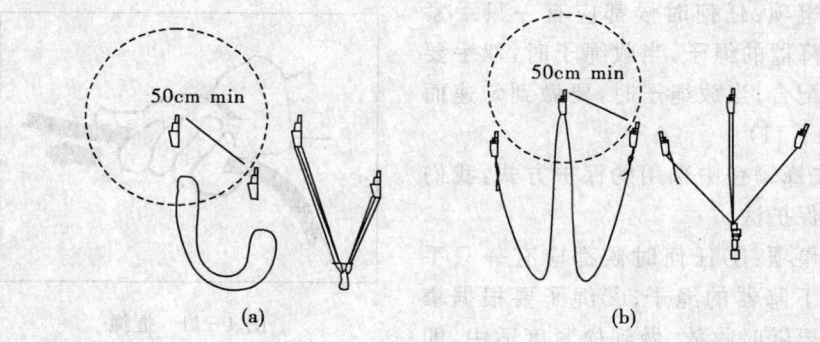

图4-9 固定点设置方式
(a)2个冰螺丝的保护；(b)3个冰螺丝的保护

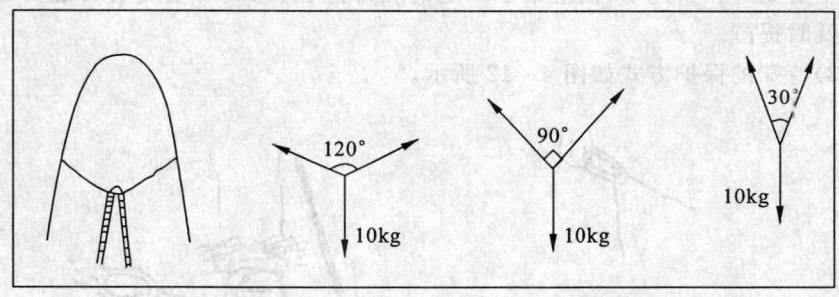

图4-10 力与夹角的关系

第二节 保护方式

在攀登过程中经常遇到攀登者之间需要相互保护才能通过危险地带的情况，因而作为一个攀登者首先要学会的就是保护。

1. 保护者的素质

熟练过硬的技术，是做好保护的基本技能要求，作为一名攀登者、保护者必须具备的条件。保护者的失误将直接威胁到同伴的生命。在很多情况下，如果你的同伴发生了危险，将意味着你自己也面临危险。

2. 保护方式的种类

保护方式分为TOP-ROPE和先锋攀登两类，在登山实战中还会经常用到一些特殊的保护方式。

(1)TOP-ROPE的攀登保护方式：我们称为上方保护法，其流行方式又有很多种，目前我们采用法式保护法，即通常所说的"五步法"。

注意事项:任何时候都应有一只手紧握通过下降器的绳子,当收绳子时,双手要做到协调配合;当放绳子时,要做到匀速而缓慢(图4-11)。

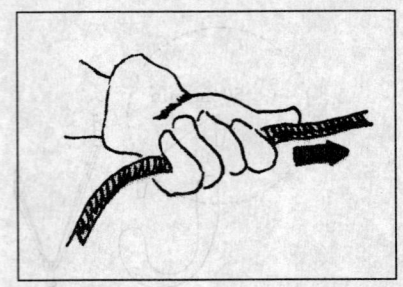

图4-11 握绳

(2)先锋攀登中采用的保护方式:我们称为下方保护法。

注意事项:①任何时候都应有一只手紧握通过下降器的绳子;②绳子要根据攀登者的需要随时收放,做到松紧度适中,即不会因为绳子太紧而影响攀登者进行攀爬,在脱落或滑坠时又不会因为绳子太松而造成危险;③时刻关注攀登者的行为,力求做到有一定的预见性;④当攀登者脱落时,不要立即收紧绳子,而应给予一定的缓冲过程;⑤当攀登者有可能要出危险时,应及时提醒。

(3)特殊的保护方式如图4-12所示。

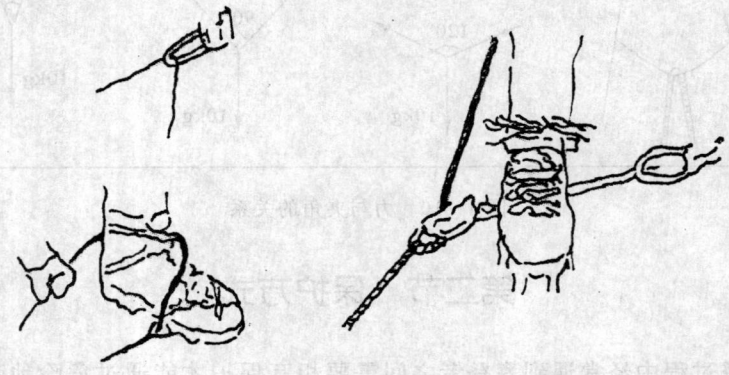

图4-12 特殊保护方式

3. 保护的操作程序

(1)攀登者与保护者各自做好准备工作;

(2)攀登者和保护者之间进行相互检查(即使你是一个训练有素的老手也必须这样做);

(3)攀登者向保护者发出"开始"的信号;

(4)保护者向攀登者发出"准备好"的信号;

(5)分别开始进行攀登和保护;

(6)如果是进行冰壁和岩壁的攀登,当攀登者到顶后要发出"下降"的信号;

(7)接到"下降"的信号后,保护者开始放绳。

第五章

冰坡行走技术

当登山过程中遇到冰坡而需要进行冰坡行走和攀登时,攀登者则必须根据不同的地形,熟练地运用各种相应的技术,如不同坡度的冰爪、冰镐技术,以及各种器械操作技术等,这些是保障我们进行安全攀登的基本技术。

首先要对以下不同的坡度有一个认识和定义:
(1)缓坡(Gentle):坡度小于 30°;
(2)中等坡度(Moderate):坡度在 30°～45°之间;
(3)陡坡(Steep):坡度在 45°～60°之间;
(4)非常陡峭(Extremely steep):坡度在 60°～80°之间;
(5)直壁(Vertical):坡度在 80°～90°之间;
(6)俯角(Overhanging):坡度在 90°以上。

对于冰坡行走技术而言,其坡度一般在 60°以下,而当大于 60°时则需要采用冰壁攀登技术,这在下一章中将具体阐述。不同的坡度有相应的"行走技术",以上的定义只是为了说明上的方便,不是绝对的,在实际的攀登过程中往往要根据攀登者不同的个体体能情况,以及不同的装备、冰雪状况、安全度来选择合适的攀登方式。

第一节 冰爪技术

一、冰爪概述

登山过程中遭遇到冰坡或者冰壁时,可以通过砍劈台阶的方式行进,但其相当地费时和费力,如遇到垂直的冰壁则更加困难。这时冰爪的作用就显得相当重要了(当然遇到意外情况时除外。如当冰爪损坏或未带冰爪的情况下,砍劈台阶技术也是很有必要掌握的,这里不做具体阐述)。

登山过程中常用的一般是 12 齿的冰爪(特殊情况下也有 11 齿的),根据其设计的不同,冰爪分很多种,有绑带式的、卡扣式的;有双前齿、单前齿的;有固定式的、可调式的。根据不同的冰况其前爪的弯曲程度也会不一样。

冰爪的齿尖务必要锋利,尤其对于硬冰。每次攀登前一定要检查冰爪的锋利程度,并对其进行打磨(图5-1)。记住:锋利的冰爪是最好用的冰爪,只需要身体的自重就可以将冰爪牢牢地固定在冰上。

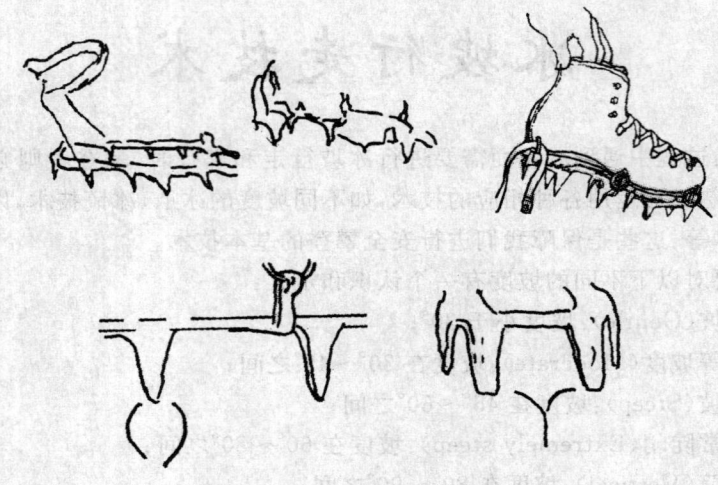

图5-1 冰爪示意图

二、冰爪技术

根据坡度、冰况、技巧熟练程度,冰坡行走主要用到两种最基本的技术,他们是法式技术和德式技术。两种技术各有其优点,但作为一个优秀的攀登者则必须同时熟练地掌握这两种技术,并能在变化多端的高山环境中灵活应用。

1. 法式技术(全齿技术)

法式技术是在攀登不同坡度的冰坡和硬雪坡中最简单、最有效的方法。法式技术又称全齿技术,顾名思义,在攀登中要求冰爪除其前齿外其余10个直立齿完全与冰面接触以支撑体重。采用法式技术行进时,因其受力点是大腿,所以是一种精致而省力的方法。熟练掌握该技术可以极大地节省攀登中攀登者的体力消耗。法式技术尤其适合于低坡度冰坡的攀登,而对于陡坡或非常陡峭的冰坡则比较困难,需要采用相应的德式技术或混合式技术。

(1)法式技术——上攀。在很和缓的坡地上行走与徒步行走没有什么区别,只是双脚要离开一定的距离,以免冰爪"打架"(相绊)或者钩到冰爪带、雪套、裤管,造成摔倒甚至滑倒。行走时,冰爪的10个直立齿应平稳的刺入冰面,冰镐采用杖式握法(在冰镐技术中将讲到)(图5-2)。

随着坡度增大(小于中等坡度),踝关节受力也在加大,此时应将两脚脚尖向外

图 5-2 低坡度法式冰坡行走

撇开成"八"字以减轻踝关节的负荷,同时,膝盖向前弯曲,这种步法我们称为"八字步",冰镐仍采用杖式握法。坡度越大两脚张开的角度也越大。

在坡度为中等坡度或更陡的情况下,使用"八字步"会很吃力,此时,脚踝负荷大且不舒服,这时可采用一种较轻松而舒适的步法在坡面上斜切上升。上升时仍要求将冰爪的 10 个直立齿平稳地刺入冰面,身体重心垂直地置于冰爪上。山(内)侧脚(靠近上坡的脚)指向前进方向,外侧脚与内侧脚呈"八"字。行进时,山侧手(内侧手)以杖式握镐。攀登者从平衡姿势开始,将冰镐向前上方伸出一臂距离稳稳地扎入冰面,外侧脚跨过内侧脚在斜上方以全脚掌着地,进入不平衡姿势。这样两步一镐轮换进行,使攀登稳定而舒适地上攀(图 5-3)。

由于受冰坡的宽度和行进方向的限制,在攀登过程中经常需要转向,此时,脚步前进的惯性动作将被改变,其节奏也会被打断。这时,除了在转向时应注意动作的准确平稳和身体的平衡外,优秀的攀登者则通常借此机会调整呼吸,以及调整身体的状态来适应新的前进方向。

转向时,从一个平衡姿势开始,将冰镐交给外侧手,扎入你的正前方,外侧脚向前踏出至与内侧脚同高,双手握镐,转身面向斜面,随之内侧脚原地转向,脚尖朝向斜上方。此时,攀登者身体面向坡面,双脚呈"八"字,然后将原来的外侧脚迈向新的前进方向,并用此时的内侧手握镐,重新恢复平衡姿势。

图 5-3 陡坡行走示意图

如果坡度继续增大,使用法式技术攀登将变得更加困难,此时使用混合式或德式技术攀登则会舒服很多。

(2)法式技术——下攀。当攀登者随缓坡下降时,处于面朝山下行进状态,此时应稍微屈膝,并使冰爪的10个直立齿平稳有力地刺入冰面,同时,两脚分开一定的距离以防打架(图5-4)。

图 5-4 低坡度法式下攀

当坡度变大时,脚尖向外撇开呈"八"字,增大膝盖弯曲程度,使身体重量落于脚上,冰爪平稳而有力地刺入冰面,此时大腿肌肉将承担大部分的体重。坡度越陡,身体重心就越低,此时,冰镐的握法应改为"下劈式",其方法是握住冰镐尾部向下劈出,劈入点尽可能往下,劈稳后,手握冰镐并沿着镐柄向下移动,直到镐头。下攀时,除了双脚走"八字步"外,上身也需要随坡度增加而适当前倾,以保持身体平衡。当冰镐落在身后时,应将镐柄压向冰面向外推以松开镐尖,取出冰镐,再次下劈(图5-5)。

图5-5 坡度较大时下攀姿势

法式技术讲究平衡感和节奏,以及对冰镐、冰爪的熟练使用。这需要初学者反复地练习才能熟悉这种技术,并找到自己的节奏。高山环境复杂多变,地形变化无常,攀登者只有熟悉各种技术,并能在攀登中灵活应用,才能使攀登不受阻碍。

练习方式:菱形行走法(图5-6)。

2. 德式技术(前齿技术)

前齿技术发源于阿尔卑斯东部,因后由德国和奥地利的登山者所发展,故有时也称为德式技术(图5-7)。

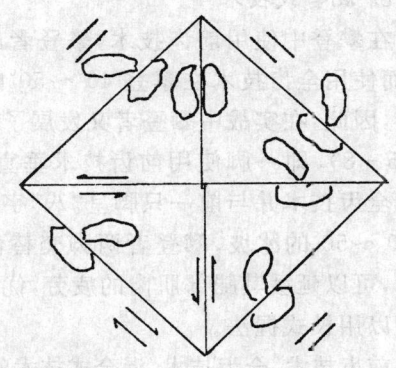

图5-6 菱形行走法

与全齿技术的优美复杂相反,前齿技术则显得直接和简单,顾名思义,前齿技术即是在攀登中使用冰爪前面的两个齿沿着其延伸方向平稳、垂直地踢入冰面以支撑体重。该技术适用于40°(中等坡度)以上的硬雪或冰面,甚至也可以攀登俯角路线。又与全齿技术一样,前齿技术要求攀登者将身体重量全部落在冰爪上,并且讲究效率,无意义地挥击冰镐等动作都将会过度地消耗体力。

在攀登过程中,应注意以下几点:

(1)除非是非常坚硬的冰面,通常平稳的前齿踢入动作足以使前齿进入冰面,因此,大力和反复的动作不但费力而且还会破坏冰面。

(2)前齿踢入冰面后,应避免脚部上下左右晃动,以免破坏踢入点。

(3)踢入时,前齿必须保持水平垂直地踢入冰面,不要外八字,因为单齿着力将无法使攀登者站稳,而且易破坏踢入点的冰面。

(4)前齿技术中除了使用两个前齿外,还使用到了第一对直立齿,四齿可以形成一个支撑的平面,因而在踢入时应将脚跟放低放平,如果脚跟过高,入冰时前齿未沿其延伸方向踢入,因此,踢入则比较困难,而且造成直立齿离开冰面,双齿支撑不稳定,还容易破坏支撑部位的冰层,并且,小腿肌肉也容易疲劳。通常应该采取钩脚尖踢冰动作。

图 5-7 德式技术

(5)当从陡坡过渡到一个缓坡时,人会自然地抬高脚跟,放松注意力,并加快行走速度,这是最容易出事的时候,因为此时冰爪极易从冰上滑松。

3. 混合式技术

在攀登中使用前齿技术,攀登者的小腿很容易疲劳,而使用全齿技术在攀登 40°~50°的冰坡时又比较困难,因此,在实战中攀登者又发展了一种混合式技术(图 5-8),即一脚使用前齿技术垂直踢入,另一脚则使用全齿技术并与前一只脚呈"八"字形。此技术适用于 40°~50°的冰坡,攀登者两脚交替使用前齿和全齿技术,可以延缓其腿部肌肉的疲劳,优点显著。此时冰稿可以用杖式握法。

前齿技术、全齿技术、混合式技术的比较见表 5-1。

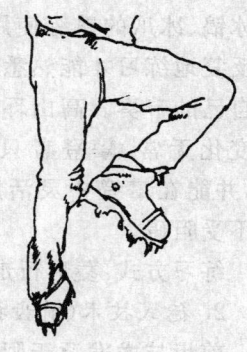

图 5-8 混合式技术

表 5-1 前齿技术、全齿技术、混合式技术比较表

技术种类	受力部位	适用坡度	适用冰况
全齿技术	大腿受力	40°以下	硬雪、软冰、脆冰
前齿技术	小腿受力,且易受疲劳	50°以上	坚冰
混合式技术	大小腿肌肉轮流受力	40°~50°	皆可

三、几种握镐方式

1. 腰刺式

当冰坡比较陡但并不十分长,而且只需进行几步前踢即可攀上时,采用腰刺式。使用该方式时,用自救方式握住冰镐横口,将镐尖砸入腰侧附近的冰中,以帮助身体平衡。这种姿态可以使人与冰壁保持一定的距离,受力点在脚上,从而能正确地使用前齿技术(图5-9)。

2. 肩刺式

当冰壁过于陡峭,冰镐固定在腰部比较困难时,应采用肩刺式。此时,手以自我制动方式握住镐头,将镐尖扎入肩上方的冰中。肩刺式适用于硬雪或较软的冰(图5-10)。

图5-9 腰刺式

图5-10 肩刺式

3. 劈入式

当坡度更大、冰更坚硬时,应采用劈入式。首先一脚在上、一脚在下的方式站稳,然后手握冰镐柄的尾部挥动冰镐并利用惯性将冰镐劈入冰中,在不引起脚跟过高的情况下,劈入点越高越好。冰镐固定住后借冰镐保持身体平衡,脚用前踢法向上攀,冰镐此时在头顶上方,随着身体的上升,手在把上越握越高,当上升到足够高度时,在冰镐横刃处换手用握镐柄的手握住镐头,呈腰刺式。当腰部上到镐尖时再将镐拔出,重新向上劈,方法同上(图5-11)。

4. 牵引式

攀最陡最硬的冰壁时,必须使用冰镐牵引法。使用方法是:手握在靠近镐把尾部的地方,将镐劈入高处的冰中,然后脚用前踢法上升。在特别硬的冰和特别陡的

图 5-11 劈入式

坡上,用两个冰镐就很有必要了,否则在砸冰镐时将难以保持身体平衡。双镐攀冰能保证攀登者随时都有三个平衡点:两个冰爪和一个冰镐。这种状态能保证足够的安全,假如一个平衡点未掌握好,另两个还可以支持,接着第三点马上就能得到固定。重量大部分集中在腿上,但双手也承担一部分,同时保证平衡,双镐攀登时可双手使用同样方法或不同方法。例如,可双手使用低把式;或一手用高把式,一手用牵引式(图 5-12)。在下一章垂直冰壁攀登中将具体介绍双镐攀登细节。

图 5-12 牵引式

第二节 结组行走

在冰裂缝区行进,一般都需要结组。常用的结组方法有双人结组、三人结组、四人结组。除双人结组需要攀登者盘绳外,其余的一般均不需要,且方法相对简单。三人以上结组的方式一般是绳头的两个人用双八字结与身体连接好后,等分在中间的人用蝴蝶结直接连接在结组绳上即可。双人结组时还需要考虑到盘绳方法、绳距等多个问题,结组方法如下:

(1)两人的绳端用双八字结连接在安全带的攀登环上;

(2)盘绳后斜挎于肩,打单结后连在安全带上。两人之间的绳距留出20~30m;

(3)抓结连接在结组绳上并与安全带连接;

(4)脚部抓结打好后连接在结组绳上并与安全带连接,脚套端绳子收好后扣在安全带上;

(5)根据需要选择是否佩戴胸带、连接背包等。

行进要点:保持绳距合适的松紧度,以不拖到地面为宜(便于及时刹动),但也不能过紧(避免妨碍行军);根据同伴的行军节奏及地形变化,控制自己速度,保持绳子的松紧度。

双人结组行进时,需要在绳上打一些绳结,以止住下坠(图5-13)。

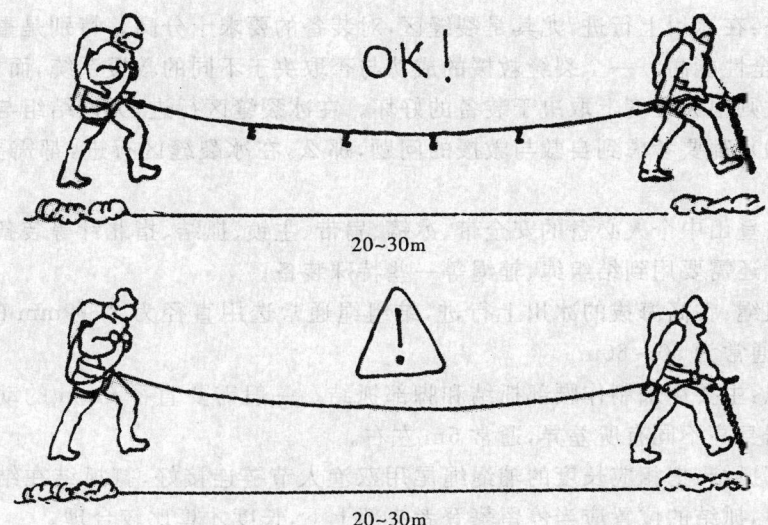

图5-13 双人结组行走

三人结组行进时,手上拿着绳索是十分危险的(图5-14)。

图 5-14 三人结组行走

一、冰裂缝行进

装备:在冰川上行进,尤其是裂缝区,对装备的要求十分高。特别是重量轻、效率高、安全性能高。一个裂缝救援的成功与否取决于不同的救援系统,而救援系统是否高效则很大程度上取决于装备的好坏。在冰裂缝区行进,无论结组与否(通常是结组的),都要考虑到自救与救援的问题,那么,在冰裂缝区行进,都需要什么装备呢?

除去登山中个人必备的安全带、冰镐、扁带、主锁、抓结、指北针等装备,在裂缝区行进时还需要用到结组绳、辅绳等一些特殊装备。

结组绳:在高海拔的冰川上行进,结组绳通常选用直径为 8~9mm 的动力双绳,长度通常为 50~60m。

辅绳:主要用来制作腰部抓结和脚部抓结。一般需要直径 6mm 的动力绳,距离则根据身高不同有所差异,通常 5m 左右。

腰部抓结:把相应长度的辅绳绳尾用双渔人节链连接好,打抓结在结组绳上;在受力后,抓结的位置应当停留攀登者头部上下,长度才算比较合理。

脚部抓结:先在辅绳的中间点留出足够在结组绳上打抓结的距离后用一个单

第五章 冰坡行走技术

结固定；在辅绳的一端，打一个单结用铁锁连接在安全带上；在辅绳的另一端，留一个足够大的环便于做脚环；距离长度是脚部抓结的关键，脚环的大小取决于高山靴、冰爪的厚度，整个脚部抓结，还和身高、腿长有很大关系，所以做好后一定要原地试一试，否则在自救时就会显得很没效率，在裂缝中去调整长度是很可怕的事情。

救援装备：2~3个雪锥或冰锥；2~5个铁锁、扁带；1个制动滑轮；2~3个抓结；1个手柄式上升器。

服装：除去按照行军时的温度穿着适宜服装外，一定要在背包里备好手套、保暖帽、羽绒服等防寒衣物，因为一旦掉入裂缝后就会变得又冷又湿，如果救援不及时，很容易失温、冻伤等情况。

二、冰川地形

明裂缝：明裂缝指用肉眼就可以看见的裂缝。多见于无积雪覆盖的冰川，表面白冰且破碎，在这种裂缝区进行时要首先观察测定好裂缝的走向、宽度和深度。

暗裂缝：暗裂缝肉眼无法所见，是发生坠落几率最大的地方，往往由于判断不准或方法不当导致。在冰川上，连续的裂缝后突然消失、较明显的雪桥、雪表明显塌陷迹象都能证明暗裂缝的存在。这时，需要结组行进，同时需要进行探测。通常使用冰镐或登山杖裂缝边缘垂直插入来探测，这样可以很好地测出暗裂缝的走向、深度、厚度及强度，再据此选择合理的通过方法。

三、裂缝区行进

跨越裂缝：如果裂缝宽度不大，通常选用跳跃的方式通过，跳跃前要做好充分的心理准备，双手握住冰镐、高步起跳，并选择好脚部的落地位置，给予缓冲避免脚踝受伤。结组同伴需要充分做好制动保护准备。

绕行裂缝：结组绳此时要始终保持紧张状态，手上不得有任何多余的绳子，根据行走的方向，保护者要时刻做好制动姿势，并选择好制动区域（如果是冰面或硬雪，建议最好避开此裂缝区，因为在这样的地面上制动难度很大）。

雪桥：在通过之前，除去做好探测、观察外，结组同伴还要做好充分的保护准备，第一个通过者一般需要取下背包，以匍匐姿势前进，目的是为了增大与雪桥的接触面积，从而减小作用压强。还有就是要迅速通过雪桥，避免在上面休息、停留。

例如，制停一次下坠（图5-15）。

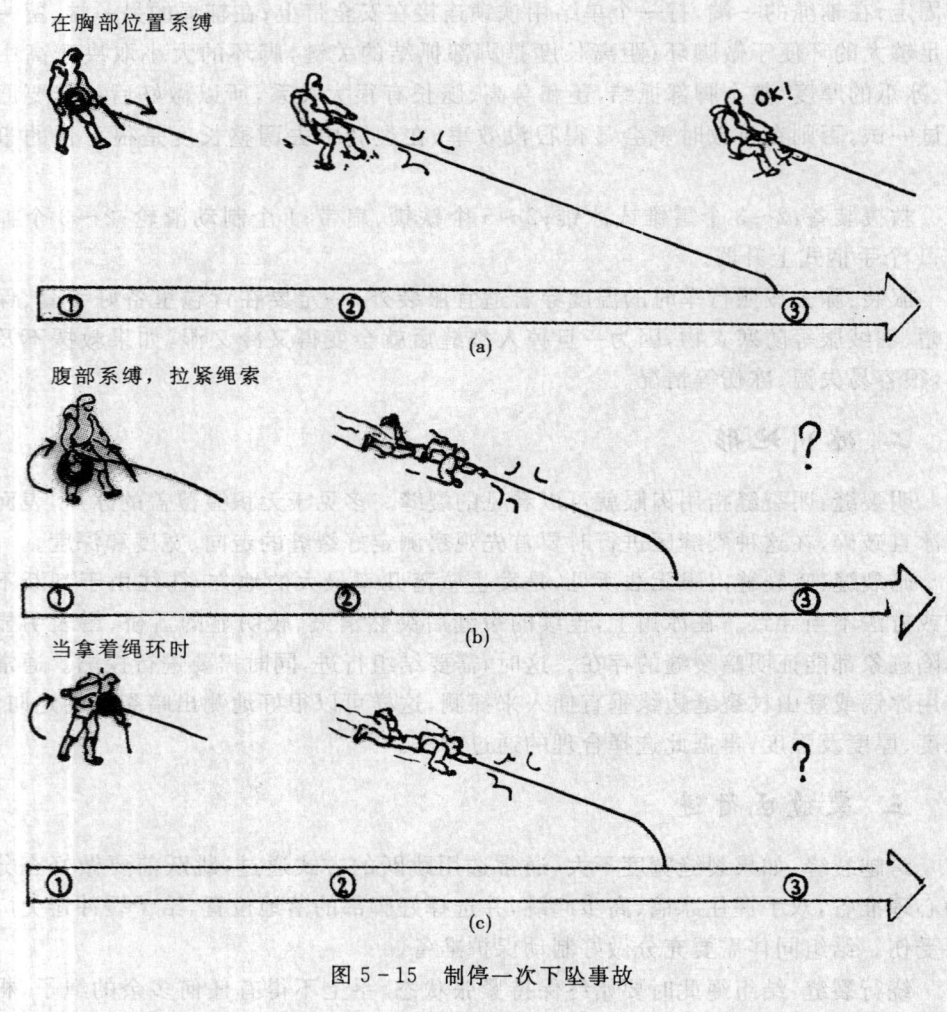

图 5-15 制停一次下坠事故

第三节 冰镐技术

一、冰镐概述

冰镐是最重要的、用途最广的登山装备之一。冰镐在攀登中是人体肢体的延伸,当处于雪线以下时,冰镐可以作为上下山的手杖;当在冰雪坡中行走时,冰镐可以用来维持攀登者的身体平衡,甚至作为攀登的保护点;当处在冰壁、混合地形中时,经过技术改进的冰镐可以作为我们攀登的支点。

第五章 冰坡行走技术

根据冰镐不同的用途,冰镐的形状各异。长冰镐(60～90cm)适合于缓坡地形的行走;攀登陡坡时更短的冰镐则相对合适一些;对于攀冰,则需要特殊设计的冰镐(60cm 以下),如镐柄弯曲、镐尖更锋利,以利于挥镐入冰。冰镐分为镐头和镐柄两部分,冰镐一般为直镐柄,镐头由镐尖和镐铲组成。短冰镐可以是直把,也可以是弯把,视用途而定,用于攀冰的短冰镐一般成对出现,其镐头分为两种,一种由镐尖和镐铲组成,另一种由镐锤和镐尖组成,镐尖还可以分为很多种,以适用于攀冰中的不同用途(图 5-16)。

冰镐的镐头由镐尖和镐铲(或镐锤)组成,镐头上的孔用于通过腕带(或胸带)连接攀登者和冰镐。

1. 冰镐的镐尖

登山中最常用的长冰镐的镐尖一般是向下弯曲,以利于在挥动冰镐或自我制动时容易进入冰面,且不易脱出;攀冰中一般使用无弯曲和反向弯曲的镐尖,其有利于在陡峭地形中冰镐尖在冰面的进入,

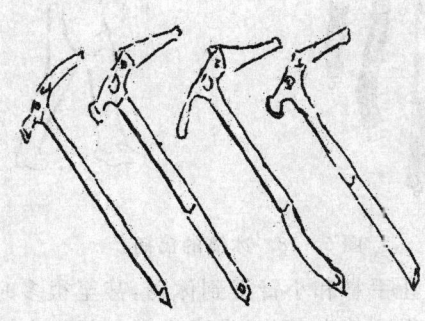

图 5-16 各种冰镐

并且容易取出(图 5-17)。镐尖越薄,尖端越锋利,就越容易进入冰面且破坏冰层更少,但是,镐尖强度也就相应降低,容易受到损坏。根据强度不同,镐尖可分为 Technical 和 Basic 两种,并在一些镐尖上以"T"、"B"字样标出。T 型镐尖强度很大,适合于攀冰、混合地形中的攀登使用;B 型镐尖由于经过打磨,强度变小,只适合于冰壁攀登使用。还有一种是管状镐尖,只在坚冰情况下使用,可以减少对冰层的破坏,且容易打入和取出。

2. 冰镐的铲头

冰镐的铲头在冰雪地形中一般用于砍劈台阶,以及在保护点设置时(冰雪锥)用于去除表面的松雪和腐冰。

3. 冰镐的镐柄

镐柄材料一般为金属、纤维等,登山用长、短冰镐的镐柄形状一般为直把。攀冰中为了适应特殊地形(如鼓

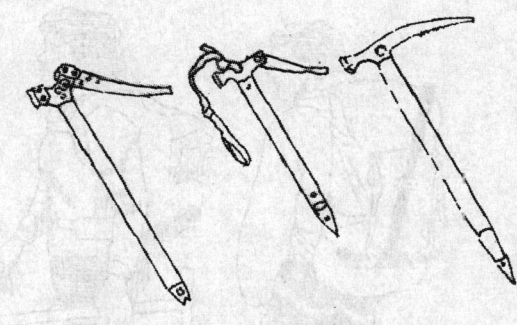

图 5-17 冰镐的镐尖

包、俯角、屋檐地形),以利于冰镐的挥动和砍入,又设计出了很多不同弯曲形状的

镐柄。镐柄的柄尖在行走中插入冰雪坡或碎石坡上可以借此维持身体的平衡。但必须经常保持柄尖的锋利(图5-18)。

4. 冰镐的腕带

在行进或攀登过程中,如果冰镐遗失,攀登者就失去了一个重要的安全和攀登的工具,严重的会导致攀登的失败或出现危险。腕带的出现解决了这个问题,在登山过程中,通过胸带将冰镐和身体连接一起,有利于攀登过程中改变行进方向时的换手动作。在攀冰中,由于人的抓握力是有限的,其手掌、小臂很容易产生疲劳而抓不住冰镐,腕带很多时候可以起到支撑的

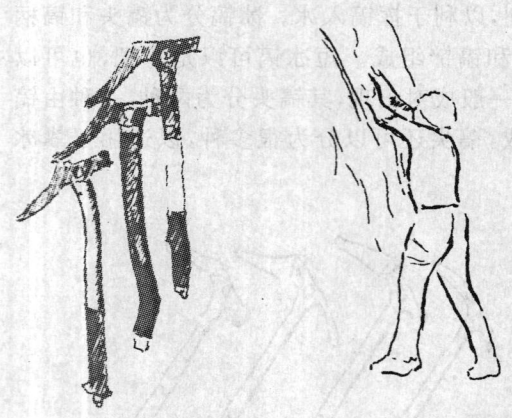

图5-18 冰镐的镐柄

作用而让手掌和小臂得到休息,甚至很多时候,通过腕带和安全带的连接还实现了让全身得到休息(用于先锋攀登中保护点设置)。

二、冰镐的使用

1. 如何携带冰镐

携带冰镐的关键问题就是要细心。要牢牢记住锋利的镐尖、斧极易对你和队友造成伤害。假若冰镐不在手中,千万注意不要让它滑下雪坡或悬崖。在行进途中,如果不使用冰镐,最安全的办法就是把它插在装备包的镐套上,并用皮带扣紧(图5-19)。一般情况都应该在镐尖、锛铲与柄尖上加上皮套。雪坡行走时,如果

图5-19 冰镐携带示意图

第五章 冰坡行走技术

需要两只手暂时空出来,可将镐向下呈对角线形斜插到背与背包之间,镐尖向下,镐尖在两肩背带上固定好,和脖子保持距离。冰镐要容易插进,也容易拍出。卸下背包前先把镐抽出来。镐上尖利部位最好用皮套保护。

2. 握镐方法

攀雪坡时,一般为杖式握法,你也可以根据自己的喜好及雪面情况来选择握镐方法。大致有以下两种方式。

(1)自我制动式握镐:大拇指握在横口斧下,手掌与其余的指握在镐尖上,并靠近镐柄。攀登时镐铲向下。

(2)自救式握镐:手掌握住横口斧,大拇指与食指握于镐尖下。攀登时镐尖向下。

攀登中一般提倡使用自救式握镐,它可以在出现滑坠时作出最快的反应。

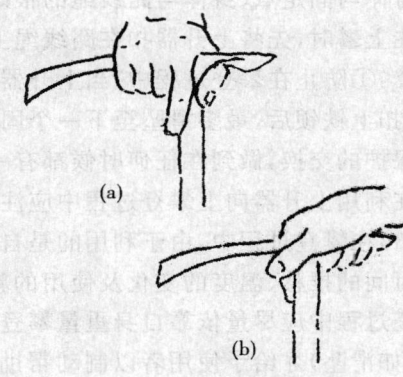

图 5-20 握镐方法
(a)自我制动式握镐;(b)自救式握镐

在冰爪技术中,配合前齿技术,已经讲到腰刺式、肩刺式、劈入式、牵引式等握镐方式,这里就不再重复了。

第四节 器械攀登技术

在攀登比较危险的地段时,如冰坡、陡雪坡、雪檐、悬崖等地形,采取结组行走的方式则不安全,可以采用交替保护和固定绳索攀登两种方式来进行攀登。对于大的队伍、队内新队员比例较大或者因山峰较高而需要来回运输物资等情况,采用固定绳索攀登方式是比较合适、快捷而安全的方法。

路线绳的上、下端必须通过"8"字结或双套结固定在牢固的固定保护点上,不能太紧,如太紧则会影响利用绳索下降的过程。两固定点间的距离可根据路线上的坡度和危险程度进行调整,在坡度大的情况下有必要将两个固定点间的距离设得近一些。务必将冰雪地中的保护点掩盖好,对冰锥、雪锥以及天然保护点在每次使用前都必须检查其安全程度。

一、沿绳索攀登中的上攀

沿路线绳上升时,一般使用上升器进行攀登。上升器是一种只能沿绳向前推进的装备,在其受力时,则咬合绳子而对攀登者形成制动。在实际的攀登中,我们使用一种叫"牛尾"的装置。连接上升器的扁带不能太长,太长时如果出现滑坠,你将无法抓到上升器;也不能太短,如"太短"则每次上推的效率就会很低。其合适的长度是,当你抓住上升器上推时,以你的手臂无法完全伸直为准。连接小铁锁的扁带其长度与上升器扁带的长度相近,这条扁带在攀登过程中的作用很大,它是一个连接身体与固定点、身体与路线绳的很好的保护装置。

在上攀时,先将上升器扣在路线绳上,同时将小铁锁也扣在绳上,其作用有以下两个:①防止在攀登过程中,当上升器出现意外时,绳子从中滑出而出现无保护滑坠,扣上铁锁后,最多滑坠至下一个固定保护点;②在过结换绳时,可利用小铁锁进行保护的交换,做到在任何时候都有一个保护存在。

在利用上升器向上攀登过程中应注意以下细节:

(1)在攀登过程中,由于利用的是自然的或人工的固定保护点,这些保护点会随着时间的推移、温度的变化及使用的频率而出现强度上的改变,为了安全起见,在攀登过程中应尽量依靠自身重量攀登,而上升器和路线绳只是在出现意外的情况下(如滑坠)才给予使用者以制动帮助。当然,在特殊情况下,如坡度很陡、固定点足够牢固等,则可以在短时间内利用上升器的力量进行上升攀登。

(2)在上升器靠近绳结(固定点)时,不要将上升器推至太靠近绳结的地方,如果这时上升器受力,其脱开就会变得非常困难。

(3)在过结时必须先站稳脚跟,以保持身体平衡,过结时,先将小铁锁扣至上面一段绳子,再换上升器。

(4)必须能熟练地进行单手操作上升器,特别是在戴着羽绒手套的情况下进行操作(图5-21)。

(5)在同一段绳子(即相邻两个固定点之间)上只能有一名攀登者。

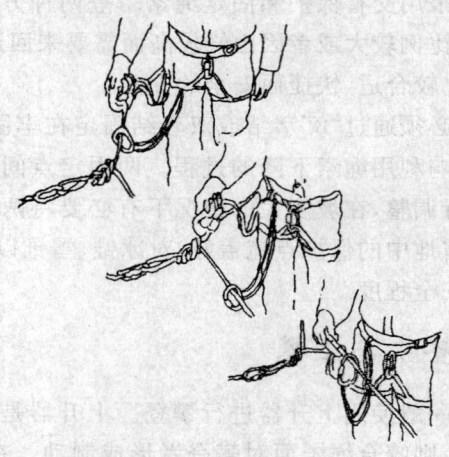

图5-21 单手操作上升器

二、固定绳索攀登中的下攀

在有固定路线绳且坡度较陡的地段,需利用下降装置进行下降。下降装置有很多种,如"8"字环、ATC、意大利半扣等。在登山过程中,如攀登路线处于低温状态,绳子就会比较硬,同时绳子上会有部分雪附着,使用 ATC 则不太方便,此时,一般使用"8"字环;而意大利半扣主要用于在"8"字环遗失的情况下或者用于一些先锋攀登过程中(图 5-22)。

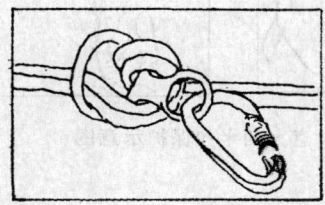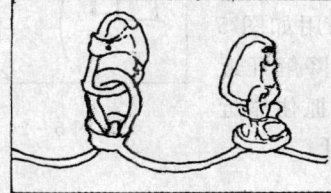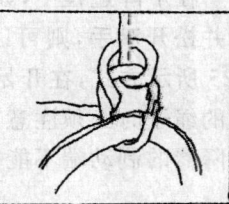

图 5-22 几种下降保护

使用"8"字环有一些诀窍,一般情况下是将其大头扣在铁锁中,以防止由于手上戴手套或操作失误而引起"8"字环遗失(图 5-23)。

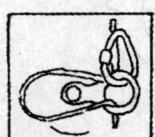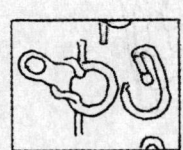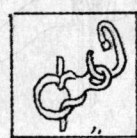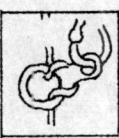

图 5-23 使用"8"字环保护示意图

在下降过程中,每一步都必须走稳,并注意向下观察,下降动作要平稳,以防止对固定保护点造成很大的冲击。在使用意大利半扣下降时,要使其制动端远离铁锁的开门处,防止制动端从锁中脱出,造成危险(图 5-24)。如果路线绳的下端没有固定,则必须在其末端打一个结,以防止下降者在末端脱出绳子而出现危险。同时也可以通过下方队员拽绳子的制动端来实现对下降失控队员的制动。

如果路线很陡,很多时候可以采用下降装置与抓结结合来进行下降;如果出现意外,抓结也可以提供很好的保护。在路线不是很陡的情况下进行固定绳索攀登,可以在使用下降装置的同时,将"牛尾"的小铁锁扣在绳上,其主要用于过结。在过结时,先将下降器转移到下一根绳子,再将小铁锁扣在下一根绳子上,防止在换下降器时身体失去平衡而出现滑坠。

如果路线比较平缓,使用下降器就显得比较繁琐。这时可利用"牛尾"的小铁锁扣在绳子上,用大拇指将绳子与铁锁扣在一起,并沿绳下降。在过结时,先将下一段路线绳扣入铁锁,然后再取出上一段路线绳。

在下降过程中,如果要实现停止并松开双手,则可以采用如图5-25所示方式,在开始下降解开近锁的绳子时必须注意,手抓住靠近下降器的制动端不能松开。

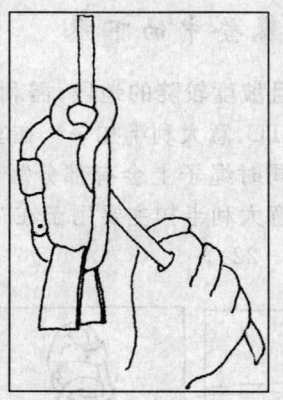

图5-24 意大利半扣保护示意图

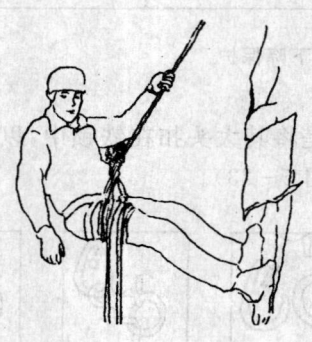

图5-25 空中制动示意图

在用固定绳索进行下攀的过程中,应注意以下细节:

(1)每次使用固定绳索时,必须对固定点进行检查,并在攀登过程中尽量少借用绳子的力量;

(2)使用非本队的、以前的路线绳应比较慎重,因为你对这条绳子的固定和绳子本身不了解,时间、温度、外伤都会对固定绳子的强度造成影响;

(3)在攀登过程中应遵循至少有一个保护存在的原则。

第六章

垂直冰壁攀登技术

在登山过程中,有时会遇到坡度陡峭甚至是垂直的冰壁,一般情况下我们会选择绕过这种地形,因为在高海拔地区进行陡峭或垂直冰壁攀登以及进行物资运输是很艰难而辛苦的。如果实在无法绕过,则需进行先锋攀登和修路线绳,以方便后续队员的攀登和运输。高山地形是多种多样的,作为一个优秀的、技术全面的登山者来说,掌握垂直冰壁攀登技术是非常必要的。

第一节 冰镐冰爪技术

垂直冰壁攀登中需要直接对抗个体的重力,而对于一个攀登者来说,其手臂的力量、耐力相对于腿部来说相差很多,因而在攀登中应尽量使用腿部的力量,这样才能使你可以攀得更高、更自如。

一、冰爪技术

使用前齿技术(德式技术)时,应注意如下几点:

(1)除非是非常坚硬的冰面,通常用平稳的前齿踢入足以使前齿进入冰面,大力和反复的动作不但费力而且会破坏冰面;

(2)前齿一旦踢入冰面,应避免脚部上下左右晃动,以免破坏踢入点;

(3)踢入时,前齿必须保持水平垂直地踢入冰面,不要外八字,单齿着力将无法使身体站稳,而且易破坏踢入点冰面;

(4)前齿技术除了使用两个前齿外,也用到了第一对直立齿,四齿可以形成支撑的平面,因而在踢入时应将脚跟放低放平,如果脚跟过高,入冰时前齿未沿其延伸方向踢入,则踢入比较困难,而且造成直立齿离开冰面,双齿支撑不稳定,还容易破坏支撑部位的冰层,并且,小腿肌肉也容易疲劳。通常应该是采取勾脚尖踢冰动作。可以通过在冰壁下反复练习来体会这种踢冰支撑动作。

二、冰镐技术

对于不同的冰况和地形应选择不同的冰镐,如在坚硬的冰上可以考虑选择管状冰镐;在混合路线攀登中,必须选择T型冰镐等。无论使用何种冰镐,在攀登中要求一次打稳,反复挥镐会无端地消耗体力,甚至会造成因手无法抓握冰镐而导致攀登失败的后果。在挥动冰镐时,如抓握得太紧,在入冰时冰镐柄的震动会造成手掌虎口处肌肉产生痉挛,导致抓握力耗竭,同时也影响冰镐入冰时的稳定,因而在入冰时无需抓握太紧;挥动冰镐时应以大臂带动小臂自然挥出,当镐尖接触冰面时,应有一个甩手腕的动作;根据声音、感觉判断冰镐打稳后,则以腕带来进行支撑,放松手掌、手臂。取冰镐时,一般上下摇动镐柄,然后向上、向外拉冰镐,即可很容易取出;如果打入太深或者冰塑性很强,无法取出,则可用手掌上下来回地推冰镐的铲头或锤头,将冰镐敲松。切忌左右摇晃冰镐,否则容易折断镐尖,但取管状镐尖的冰镐时,则必须左右摇动冰镐,如上下摇动,则容易折断(图6-1)。

图6-1 错误的打冰镐方式

在上攀以前先在下面挥几镐来感觉一下冰的状态,并以此来决定挥动冰镐时的力度。在攀登时尽量选择凹陷处,由于其四周的挤压应力凹陷处的冰不易破碎,在坚冰情况下尤其要注意这一点。优秀的攀登者在攀登时,打镐的动作很轻巧,无需大力挥动,只是在上脚时,手臂稳定,不左右摇晃冰镐,这样可以节省很多体力。一般情况下,人们喜欢大力地打一稿,这样容易破坏冰面,而且挥动和取出将消耗大量的体力。事实上,轻巧而稳定地挥镐,甚至挂在冰缝、冰洞或前人攀登的小洞中就足以支撑体重了。

三、攀登技术

1. 上攀

在攀登时,两脚分开比肩宽,其有利于支撑和平衡。为节省体力,双镐应尽量打高一些,其高度以不出现脚跟被迫提高为准。冰镐打入位置为身体的前上方,双镐之间的距离不要分得太开,这样在两脚一手固定前提下打镐时,实现"二点一十"锐角三角形的稳定平衡。上升时应按照三点固定,移动另一点的方法进行(如,双镐一爪固定,移动另一脚;或双爪一镐固定,移动另一镐)。

攀登动作要领如下:

(1)双脚支撑往上打镐,臀部内顶,镐尽量打高;

(2)手臂拉直,臀部外顶,给腿部以活动的空间,冰爪上踢,眼睛可观察踢冰部位,其每一步的幅度可尽量大一些;

(3)双腿蹲起,臀部内顶,以双腿支撑体重,往上打镐;

(4)攀登时,尽量减少挥镐和踢冰的次数,减少出现冰镐在同一水平高度的次数和重复挥动冰镐、冰爪动作的情况,以节省体力。

2. 平移

在冰壁攀登中,如遇到冰洞或其他情况而需要进行平移时,采用的冰镐、冰爪技术与前面的一样,只是应尽量减少脚跟和冰镐的晃动,以防止冰镐、冰爪脱出而失去平衡,也可以通过双腿的交叉来实现脚的移动。

3. 攀登薄冰和冰柱

在攀登中如遇到薄冰地形,则一定要小心。大力的挥镐和踢冰爪动作会损坏你的装备,同时会破坏冰层。在攀登时,可以先轻轻地敲出小坑,然后再用冰镐挂住并向上攀,冰爪可以利用身体的重量而进入冰中,但绝对要保持身体的稳定。对于冰柱和冰挂,大力打击可能引起整个冰柱、冰挂的断裂而出现危险,因而也要求动作轻巧而稳定。

前面已经介绍了垂直冰壁的基本攀登技术,下面我们总结出一些经验,可以让我们的攀登过程更有效率和更加完美。

★ 使用自然的、流畅的、类似于攀岩的动作进行攀登;

★ 始终保持放松状态;

★ 用脚去支撑你的体重;

★ 试着使你的挥镐和踢冰动作一次成功;

★ 在使冰镐、冰爪良好地入冰的情况下,应尽可能地减小踢冰和挥镐的幅度,以节省体力;

★ 不要将镐打得太高;

★ 减少两冰镐在同一水平高度的次数,以及减少整个攀登路线的打镐次数;

★ 在可能地形情况下,应尽可能地使用冰镐去挂冰缝、冰洞等;

★ 在出现麻烦时,你应检查冰镐、冰锥、冰爪的打入是否稳固,以使你可以放心地移动;

★ 学会观察冰况和地形,找到打镐、踢冰以及打冰锥时最省力、最佳的部位和攀登姿势;

★ 尽可能多地让手臂保持伸直状态;

★ 不要死抓冰镐,应尽可能多地使用腕带悬挂;

★ 针对不同角度的冰壁和冰况选择合适的装备;

★ 在平缓处或可能的位置将冰爪全齿着地,让小腿肌肉和脚掌得到休息;

★ 在往上打镐时,将你的臀部顶向冰壁,即贴近冰壁;

★ 在攀爬时,找到省力的节奏。

以下是新手攀爬时容易犯的错误(图6-2):

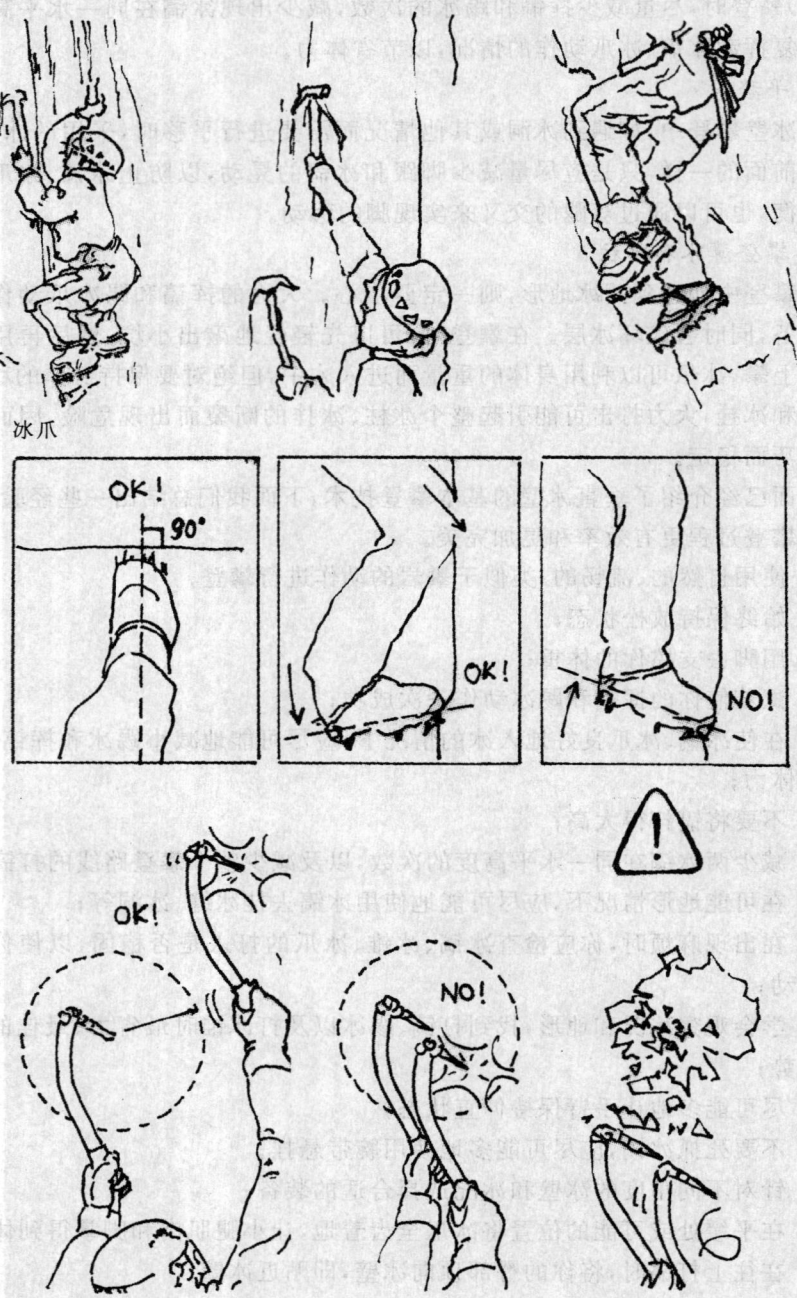

图 6-2 几种错误的攀冰姿势

第六章 垂直冰壁攀登技术

★ 攀登时不带安全帽在气温高的危险软冰上攀登、打冰锥；
★ 冰锥打得不合格；
★ 在经验不足的情况下进行先锋攀登；
★ 在攀登者正下方保护，攀登者脱落可能使保护者受伤；
★ 两冰爪踢入距离太近，两冰镐距离太小；
★ 脚跟太高；
★ 反复无意义地踢冰；
★ 冰镐打得太高；
★ 踢冰完成后无意义地上下左右晃动脚跟；
★ 不用腕带悬挂体重；
★ 因为害怕、紧张、犹豫、惊慌，因而过分紧握冰镐；
★ 过多地使用手臂的力量拉起；
★ 手臂经常性地弯曲，使大小臂快速疲劳；
★ 在直壁上，脸离冰镐太近，万一脱落，可能弄伤头部；
★ 用冰镐和冰爪去打击冰锥附近的冰，破坏冰锥的稳定。

第二节 先锋攀登技术

学会攀登垂直冰壁的冰镐、冰爪技术只是基础和开始。在先锋攀登中，在攀登的同时还要求具备能够合理而安全地设置保护点、安全的保护、熟练的绳索操作技术以及处理突发事件的能力。如在任一环节中出现问题，都会导致很大的危险，因而不能冒进，在掌握熟练的冰镐、冰爪技术后，通过在安全、和缓的地形上反复练习先锋攀登，并达到熟练的程度，然后再尝试在垂直冰壁上进行先锋攀登。

我们要求：在经验不足的情况下，绝对禁止在陡峭地形进行先锋攀登。

一、冰锥的使用与保护点设置

在先锋攀登以前，应整理需要使用的冰锥，将长短不同的冰锥分开挂在不同的铁锁内，并保持冰锥最好的状态（如尖端锋利，冰锥中无碎冰等）。在攀登时，避免把冰锥打在冰柱上或冰的棱角上。在打冰锥时，自己所处位置最好能有立足点，冰锥的位置不应太高或太低，以适合用力的位置最佳，其高度在胸部左右最好（图6-3）。

在垂直冰壁上，如果温度较高，且冰的质量不是很好的情况下，冰锥的方向应向上倾斜，与水平面呈10°～15°角；如果冰质塑性很好，温度较低，则冰锥角度一般选取垂直于冰壁或者稍向下倾斜。选好角度后把安置冰锥之处的腐冰和软冰清除

图 6-3 打冰锥示意图

掉,待硬冰露出后再旋入冰锥。要注意冰面上须留有足够的空间以使冰锥卡环旋转自如,以便打入和拆卸冰锥。如果冰锥不能全部旋入冰面,绳套要尽量贴近冰面套在冰锥上,以减小力矩而使冰锥达到最大承受力。当旋进或锤进冰锥时,如发现冰内硬度有变化,则可能遇到了空洞,应取出来换一处重新打入;如发现有阻力并难以旋入应马上停止,检查是否遇到了岩石,若再用力则会损坏冰锥尖部,特别是由铝制成的冰锥。如果旋进冰锥的长度已够安全使用(至少要所有的螺纹全部进入),即可在冰锥与冰面交界处套一个绳套。要尽量避免在融化的冰壁上打冰锥,被热融化的冰其承受力量的强度锐减。对于架设顶绳而需要长时间使用的冰锥,则必须对冰锥用冰雪进行覆盖以防止其融化而导致危险。

　　保护点的设置应考虑冰面质量、合适的站立位置以及装备的合理分配,要做到心中有数。在垂直冰壁上安置冰锥是一项困难的工作,也是攀冰者必须掌握的技术。一般保护点之间的距离不能超过6m,否则与无保护攀登无异;第一、第二个冰锥之间的距离要小于第一冰锥与地面或保护者之间距离的2/3,以防止在设置第二个冰锥时出现意外脱落,而直接坠落地面或伤害保护者。攀登者在冰壁上安置冰锥有以下两种方法:

　　(1)用一只冰镐先劈入冰面,手握镐把,脚下踩牢,身体拉直;另一只手用冰镐凿出一个小洞并放进冰锥,然后将其锤入或旋进(图6-4)。

　　(2)用两只冰镐劈入冰面并与安全带相连,然后用两手安放冰锥(一般来说,这种情况容易出现脱落的危险,不提倡)。

图 6-4 安置冰锥示意图

二、绳索操作

先锋攀登的绳索操作是一个复杂的系统,所有操作都应遵循更安全、更快捷的原则。首先要强调的是要保护我们的装备,使用动力主绳做先锋攀登时,绳子、扁带等在使用前要进行检查,不要用冰爪踩绳子和其他装备,不要将绳子放在有水的冰面上,不要使用已破皮的绳子,不要随意地摔碰铁锁,等等。

1. 扣锁的方向

先锋攀登中一般会使用快挂或扁带固定在冰锥等固定点上,先锋者需要将绳子扣进铁锁,扣入时,必须将靠近身体的绳子保持在铁锁的上方,如果扣反,在脱落时绳子容易从铁锁中脱出,造成危险(图 6-5)。铁锁不同开口朝向情况下的扣锁动作必须熟练掌握,特别是在戴手套的情况下,越熟练则越节省体力。

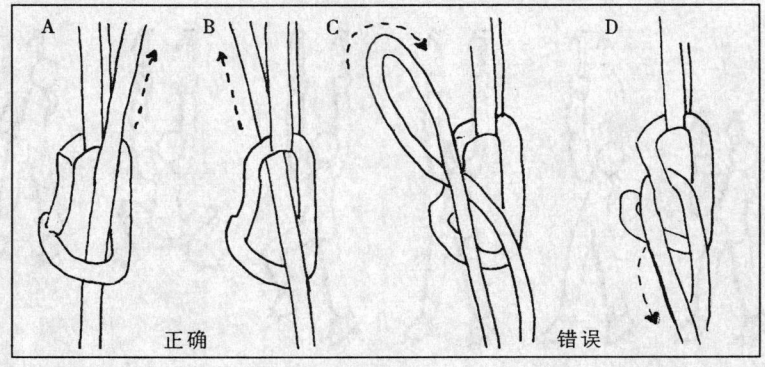

图 6-5 将绳子扣进铁锁

2. 先锋攀登的步骤

(1)先检查装备。如检查快挂、冰锥是否已足够,绳子是否安全,冰锥应按其长短不同分开放,并保持最容易拿取的状态;还应带一些绳套、扁带和铁锁,以在特殊地形代替快挂;冰镐是否合适;是否已戴安全帽;是否需要带岩钉;安全带穿戴是否合格。

(2)队员 A 做先锋,队员 B 做保护,将绳子的两头用"8"字结固定在 A 和 B 的安全带上。在危险的情况下,如易滑坠地形,队员 B 应在冰上做自我保护点进行保护,同时观察路线,队员 B 整理好绳子,用"8"字环对先锋者队员 A 做好保护。

(3)队员 A 示意可以进行攀登,在队员 B 同意的情况下,则可以开始攀登,第一个冰锥的高度应尽量不要超过 5m。

(4)队员 B 不要站在队员 A 的正下方,以防止队员 A 脱落或者冰块下落时砸到保护者,保护绳索不要拉得太紧,防止影响先锋者攀登。

(5)在合适的地方打入第一个冰锥,将绳子以正确的方法扣入,继续攀登时,第二个冰锥与第一个冰锥的距离不要大于第一个冰柱和地面距离的 2/3,且以上相邻的两个冰锥间的距离不要超过 6m。

(6)第一段的距离不要超过绳子的一半,队员 B 应该给队员 A 以提醒。

(7)队员 A 找一处容易落脚的地方作为第一段的终点,并打入一个冰锥,以及挂上大锁,然后将绳子扣入大锁,并马上打一个双套结,然后示意保护者自己已经安全(一般的口令为"安全")。

(8)队员 A 在身体的右侧再打入一个冰锥,连接两个冰锥,形成一个稳固均衡的上方保护点,将绳子扣入铁锁,打双套结,然后解除第一个双套结,调整绳子的长度,使身体从一个冰锥转移到更安全的保护点上后,通知下面的队员 B 解除保护,并在保护点的一个冰锥中扣入快挂,将绳子扣入快挂中,有条理地收起绳子直至收

图 6-6 基本的动作次序

紧,然后用安全带上的"8"字环做保护器给队员 B 以保护。注意:不要将"8"字环直接扣入保护点的铁锁中进行保护。

(9)队员 B 一边攀爬一边卸除冰锥,直至他到达第一段的终点后,队员 A 马上帮队员 B 将主绳在铁锁中打一个双套结。

(10)交换装备,并整理装备,将冰锥中的冰除去。

(11)队员 A 给队员 B 继续做好保护,队员 B 解除双套结保护后,继续向上攀登,如此重复进行。

图 6-6～图 6-10 是常用的攀登动作次序和保护者的绳结技术。

图 6-7 行家的动作次序

图 6-8 当横向前进时双手变换的次序

三、先锋攀登的下降

当攀登到顶时,可以从冰壁顶上绕下来。如果无法实现,则可以找一些天然固定点进行下降,如树桩、冰柱,或者在冰上做人工固定点下降(图 6-11)。下降时,注意动作不要太大,以免破坏保护点强度。如一次无法下降到底,应先做好自我保护,然后继续做保护点进行下降,记住,安全是第一位的(图 6-12)。

3个接触点：双脚和一个冰工具在双脚中央

图 6-9　三角形动作的次序（三角技巧）

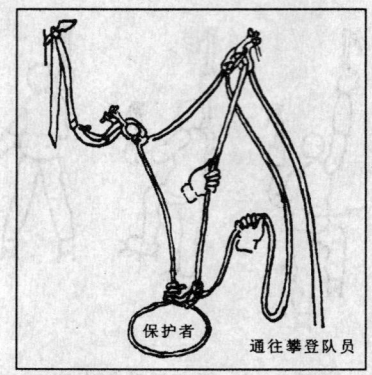

图 6-10　保护者的绳结技术

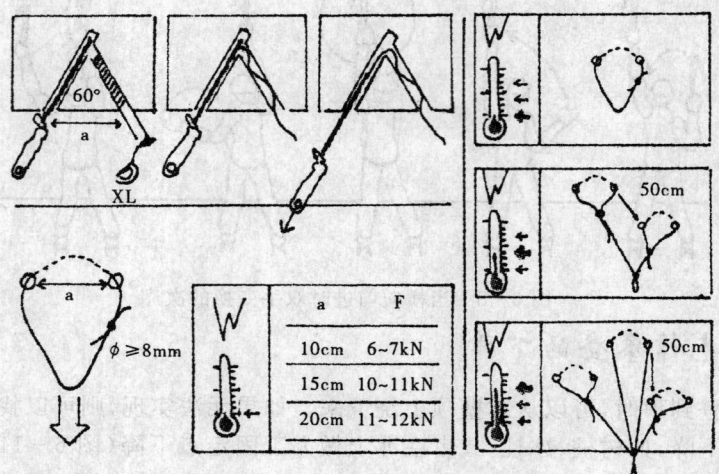

图 6-11　V型线：设置一个下降用的确定点

第六章 垂直冰壁攀登技术

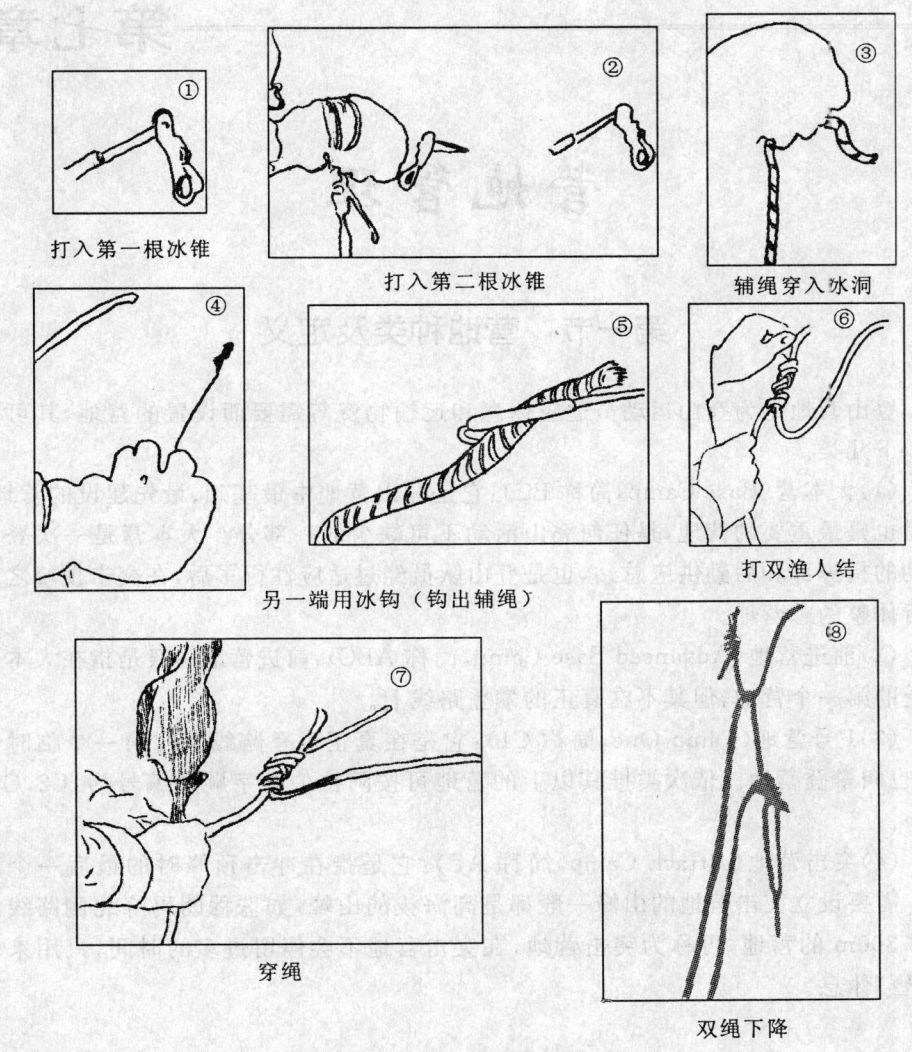

图 6-12 先锋攀登的下降

第七章

营地管理

第一节 营地种类及定义

登山营地是为登山运动员适应休息和运输物资等需要而设置的营地,其可分为以下几类。

(1)大本营(Base Camp,简称 BC):它是登山营地中最基础、最先建设的营地,同时也是最重要的营地,是任何登山活动不可缺少的一部分。大本营是一次登山活动的指挥部和后勤供应总站,也是登山队员经过适应性行军后,在突击顶峰之前进行休整的总营地。

(2)前进营地(Advanced Base Camp,简称 ABC):前进营地一般是指在大本营之上的第一个营地,但其不在真正的攀登路线上。

(3)1 号营地(Camp One,简称 C1):它是在真正攀登路线上的第一个临时营地,也叫攀登营地。依次类推其以上的营地可按阿拉伯数字顺序编号为:C2,C3,……。

(4)突击营地(Attack Camp,简称 AC):它是指在冲击顶峰时的最后一个营地。需要设立突击营地的山峰一般都是高海拔的山峰,如珠穆朗玛峰北侧路线海拔 8 300m 的营地,可称为突击营地,在突击营地不会停留过多的时间,只用来做"短暂"休息。

第二节 大本营的功能

登山大本营的位置设置要求为:安全(无洪水、滚石、冰雪崩),便于观察所登目标的路线,便于取水,能避风,日照时间长,地势平坦,能用汽车与附近城镇进行联系。其功能如下:

(1)登山活动指挥中心。整个登山活动的总体指挥命令是从大本营发出的,登山队伍在离开大本营以后,就开始听从于大本营的指挥。登山活动中,队员必须及时保持和大本营的联系和沟通,让登山活动的指挥者及时获得信息,以便正确判断情况，制定登山活动计划和应对措施。

（2）后勤供应中心。大本营是整个登山队伍的后勤供应总站，队员们大部分在山里生活的时间都是在大本营中度过的。后勤保障的好坏将直接影响到队员们的身体状况，一次登山活动的成败最基本的保障就是后勤保障，俗话说"兵马未动，粮草先行"，登山也是一样的。

（3）登山新闻信息发布中心。不管是大型的登山活动还是小型的登山活动，登山活动的最新消息都是从大本营发往外界或是队员家里的。它是与外界保持联系的重要平台，在《国内登山管理办法》中明确要求，大本营要随时保持与外界的联系，以便让管理部门知道登山活动是不是在安全地进行。

（4）登山活动的医疗中心。任何登山大本营都要准备医疗救护设备，以便及时地处理一些突发病例，如高山病。

（5）登山活动的气象中心。登山活动中要随时观测当地气候和山区气候，并且要随时从外界获得最准确的天气预报，经过分析后，按照天气的变化情况来调整登山活动。

第三节 大本营管理细则

1. 厨房

登山者不论是在大本营雇用厨师或是由队员分工兼顾，都要带上厨具，以便能轻松地准备食物。选择的炉具和压力锅其大、中、小型号都应齐全，每顿饭根据人员的多少来使用合适的炉具做饭，以节约能源。其他厨房用品包括：汤勺、刮铲、分菜匙、钳子、开罐器、罐子支架、清洗碗碟和衣服的塑料盆、生物可分解的肥皂和消毒剂等。盛食物的盘子和碗应该是塑料的，在寒冷的营地，金属的器皿会使食物凉得太快。纸巾和餐巾纸应准备充分。

登山者至少要带上两个用于喝水、牛奶、茶和其他热饮的大热水瓶。当登山者回到大本营时，为了使他们体内不缺乏水分，所有这些热水瓶内都应该随时装满水。

一个很好的聚餐用的帐篷可以成为开会、吃饭和游戏的场所，所以它应该是结实、宽敞和令人愉快的。

2. 攀登营地的食品准备

大本营的另外一个重要的食品计划工作，就是计算好攀登营地需要的食品数量，并且按每人每顿打小包分装好，出发时再分发给队员。

3. 电能

为了满足大本营有通信设备、电脑、科学设备和摄影机的供电需要，需要准备一个更大的太阳能电池板或是小型发电机。先计算一下每天所需要的电能,再将每天所要使用的所有电器的用电量累加起来,然后就可以计算出每天的耗电量。

4. 电子设备

大本营有通信设备、对讲机、短波收音机、便携式立体声收音机、电脑和卫星电话等。

5. 厕所

每天每个人都会排泄大量的固体粪便,在过去,这并不是一个重要的问题,因为很少有人前往高山地区。但是现在,在主要山峰的大本营,在每年的某几个月中,通常会有数百名登山者和支援人员共享同一区域。粪便在高原很难分解,因此在偏远的地区登山的探险队应该挖掘一个深坑用作厕所,以便处理所有的人类粪便和食物残渣,卫生纸和棉条都应该统一扔到垃圾袋中,然后烧掉。

6. 医药箱

无论什么样的登山探险活动都需要准备好医药箱,药品是越全越好,针对登山活动的特殊性,预防高原病的药品应该要相对多一些,以便应急之需。

7. 奢侈品

登山者在大本营中停留的时间越长,奢侈品就越有必要,把它们一起背上山确实增加了成本,但是对于其全部的预算,这通常只能算是九牛一毛了。

(1) 桌子和椅子:对于任何超过两天以上时间的旅行,带上某种用于放松的东西是必要的,以便登山者可以舒服地进行阅读和写字。许多人在向大本营进发时会携带这些东西,每个队员都应该至少带上一把折叠椅。另外,一块桌布,有时可以营造出很好的气氛。

(2) 灯:当遇上暴风雪天气时,在大本营的时光是沉闷和无聊的。如有可用于阅读和玩游戏所需要的灯光,这对于冬天的旅行是非常必要的,因为冬天的夜晚时间很长。

(3) 书籍:大家应该进行信息交流,每个人都应带上可以用来与别人交换或分享的图书。在一次重大的探险过程中很容易就能看完一打书。

(4) 额外的睡袋:多准备一个不同温标的睡袋在必要时可以让你睡得更舒服。

(5) 额外的垫子:带上一个厚的、宽敞的防潮垫,以便在大本营中可以舒服地睡觉。

(6) 咖啡:在高原喝咖啡不会产生什么副作用,并且是很好打法时间的很爽一件事。

(7) 望远镜:其无论是观察路线和风景都是很好的助手。

(8) 便携式淋浴器:现在都使用太阳能热水袋,它可以装 20 升水,足够洗一个舒服的热水澡了。

（9）露营衣物：在营地附近逗留时最好穿着舒适的、非登山时穿的衣服。可准备一双舒适的跑鞋或便鞋在营地四处走动时用。

8. 娱乐

为队员在大本营里逗留的时光准备多种娱乐方式是一件非常重要的事情，这些不是奢侈行为，否则人们会因为长期的禁闭而发疯，并开始想着要离开那个鬼地方。当一些登山队共同分享一个大本营时，相互间通常会有很多交往，要学会相互招待对方。

扑克牌、象棋、五子棋、掷飞盘、放风筝等都是很有意思的活动，都会给大家带来笑声，并让营地的气氛和谐起来。

第八章

登山过程中应注意的事项

登山过程中,情况千变万化,因此,要时常保持清醒的头脑,要讲求科学,掌握技术,同时注意积累经验。在登山过程中,我们只要做到处处小心,按要求行事,就会万无一失,成功返回。以下是登山过程中应注意的事项:

★ 登山过程中应注意前进的速度和节奏,以保持肌体始终处于正常轻松状态。

★ 在登山过程中,步伐间距一般为 40～50cm,节奏为一步一呼,同时要用冰镐时常敲打登山靴,以免登山靴冰爪积雪太多,增加重量,消耗体力。

★ 在登山过程中,应随身携带热水或热饮料饮用,不要吃雪。

★ 在登山过程中,切记不要随便脱下雪镜且时间过长,以免紫外线灼伤你的眼睛。

★ 在登山过程中,特别是进入雪崩区后,不要大声喧哗,以免引起雪崩。

★ 刚下过大雪后,请不要马上登山,因为此时新雪和老雪不能很好地结合稳定,容易引起雪崩。

★ 在登山休息时,特别是在坡度较大的地方休息时,在保护好自身安全的同时,还要保护好随身装备,可用固定、打绳结等方法以及用冰镐来进行保护。

★ 在登山过程中,应将耳露在外面,以保持较好的听力,以便对是否有雪崩做出正确判断。

★ 在登山过程中,应随身带有巧克力、糖果、花生米等高能量和高热量的小食品,以便及时补充身体能量。

★ 在登山过程中应涂高指数的防晒膏,以免被紫外线灼伤。

★ 切记涂防裂、防干唇膏。

★ 在登山过程中,休息的时间间隔为 40min 至 1h,休息时间为 10min,应在安全背风处休息。

★ 在危险路段,应依次快速通过并相互进行保护。

★ 学习并习惯阿尔卑斯式攀登方式,尽可能少地携带物品,能不带的就不带。

★ 准备最少量的换洗衣物,个人洗涤用具要进行小包装处理,摄影、摄像器材

第八章 登山过程中应注意的事项

要轻便。

★ 怕水的物品要用防水袋装好，怕摔的物品在进山途中要随身携带，不要放在驮包或大背包里。

★ 冰镐、雪杖、冰锥的尖头要用纸或布包好。

★ 给所有个人物品贴上姓名标签，并用彩色的胶带粘在个人装备上（如铁锁等），做记号，在大背包、小背包和驮包的外面标注姓名，并要确保其不易损坏、模糊和遗失。

★ 进山途中可用驮包或者大编织袋把大背包装起来，以防止牲畜在运输过程中损坏大背包。

★ 准备好 1~2 副备用的手套和太阳镜，以防丢失后有备份。

★ 把保暖的衣服放在背包的上层，以便在路上当天气突变时，可以快速将其取出。

★ 攀登过程中应随时注意补水，不要等到口渴时才喝水，那时你的身体已经是处于缺水状态了。

★ 不管需不需要走夜路，一定要携带头灯和急救露营袋。

★ 在攀登路线上遇到下撤的队员时，应该让下撤的人先下，最好是站在路的右边等待。

★ 在使用路绳攀登时，一段绳距最好一个人使用，不要过多的去借力于路线绳。

★ 登顶日的出发时间尽量赶早，预留时间在路上，注意关门时间。

★ 穿冰爪的时候一定要系紧，并进行仔细检查，如果冰爪没穿好，在攀登过程中这是致命性的失误。

★ 在着装上应采取多层次的穿法，其有利于保暖和方便添加衣物，手套和袜子的穿法也是一样。

★ 攀登过程中应尽量节省体力，走"之"字形路线，在遇到峭壁、冰壁的时候，尽量寻找容易走的路线绕过去，当没有办法时再去攀爬那些垂直的路线，但是会很耗体力。

★ 随时保持与大本营的联系，一个小时至少通话一次。

★ 行走时使用手杖，其有利于身体的保健和体能的节省。

★ 在离开雪线上的帐篷营地时，不要把帐篷门的拉链拉死，应留有一个手掌宽的余地，以防止拉链在冰冻状态下被锁死，以便下次来时队员容易打开。

★ 尽量把山上的垃圾带下来，不要随地丢弃。

第九章

登山计划的制定

第一节 活动计划

根据活动的时间、地点、人数、规模来制定出合理的日程安排。其例详见表9-1。

表9-1 活动计划表

时 间	地 点	人 员	内 容
8月30日—31日	武汉—兰州	董范、刘亚非、李伦、周云、杨汉、牛小洪、石磊、梁奕达、张喻、陈文达、丁晨、袁复栋	乘火车
8月31日—9月1日	兰州—格尔木		乘火车
9月1日—2日	格尔木		准备装备、食品并装车
9月3日7:00出发	赴玉珠峰建大本营		乘大巴车
9月4日	大本营		建营、准备、休整
9月5日	大本营周边		适应性训练
9月6日	到C1,5 600m	部分人员	部分人员运输、修路到C1,5 600m,返回大本营
9月7日	到C1,5 600m	部分人员	换人运输、修路到C1,5 600m,返回大本营
9月8日	大本营	全体人员	调整装备
9月9日	大本营—C1	部分人员	6人到C1,晚上住C1
9月10日	C1—顶峰 大本营—C1	另一部分人员	冲顶后返回大本营、接应撤营到大本营
9月11日	大本营—格尔木	全体人员	撤营装车,返回格尔木
9月12日	格尔木—西宁	全体人员	还装备、整理
9月13日	西宁—兰州	全体人员	乘火车,打包托运
9月13日	兰州—武汉	全体人员	乘火车
9月14日	武昌	全体人员	到学校

第二节　装备计划

其例详见表9-2。

表9-2　个人装备计划表

名　称	数　量	名　称	数　量
羽绒服	1件	防潮垫	1床
冲锋裤	1条	头　灯	1个
冲锋衣	1件	水　壶	1个
抓绒衣	1件	水　杯	1个
抓绒裤	1条	钢　碗	1只
加厚袜	2双	安全帽	1顶
抓绒帽	1顶	安全带	1条
抓绒手套	1双	铁　锁	2个
防水手套	1双	快　挂	2个
登山眼镜	2副	上升器	1个
徒步靴	1双	下降器	1个
高山靴	1双	绳　套	2只
雪　套	1副	笔记本电脑	1台
冰　爪	1双	钢　笔	1支
冰　镐	1支	打火机	2个
登山包	1个	小　刀	1把
睡　袋	1个		

第三节　技术装备计划

其例详见表9-3。

表 9-3 技术装备计划表

名　称	数　量	名　称	数　量
高山靴	8 双	客货两用车	1 辆
冰　爪	8 双	冰　锥	10 个
雪　套	12 副	主锁带丝扣	10 个
雪　锥	12 个	上升器	8 个
高山帐篷	1 顶	安全帽	8 顶
军用帐篷	2 顶	技术镐	2 副
发电机	1 台（带油罐、油）		

第四节　食品计划

1. 登山所需的营养

(1)人体需要的三大营养素。

糖类：以运动的动能源而言，对糖类的应用度最高，其应占总热量来源的 70%。肌肉使用葡萄糖、脂肪酸和糖体为能量来源。肌肉中存有肝糖，在剧烈活动中还原为葡萄糖输出，而血液中的葡萄糖可合成肝糖，休息状态的肌肉只以脂肪为能量来源。运动中血糖值会降低，其他能量须靠脂肪，但脂肪转换为能量的过程很慢，主要还是靠每天摄取的糖类食物来提供热量。若在糖分中不只含有葡萄糖，同时添加砂糖及淀粉，则血糖值较不易降低。吃的动作也可引起肝脏释放肝糖。

脂肪：身体储存的脂肪除了是能量的来源之外，还是主要器官的避震器及御寒的保温层。脂肪不易分解，效率较糖类低 10%～20%，但其热量很高，摄取时可不必太多，且有耐饱的好处；但其若在体内不完全燃烧，反而易引起体液酸化，造成疲劳。

蛋白质：当糖类与脂肪燃烧殆尽或短少时，蛋白质就开始派上用场。身体无法储存蛋白质，多余的蛋白质将转化为能量或脂肪。蛋白质与脂肪摄取量皆不宜太多，否则易引起体液酸化，造成疲劳。

身体使用三大营养素的顺序为：糖类→脂肪→蛋白质。登山每日所需其重量比分别约为 4.8∶1∶1.1。

(2)人体还需要无机盐、水分、维生素。

无机盐：若缺乏盐分则会引起体内血压降低、眩晕及倦怠等现象，严重时还会引起痉挛。

水分：其约占体重的 65%，可促进体内新陈代谢及化学作用的进行，以平衡体温。水分丧失过多会使血液循环恶化，但饮用太多水反会使排汗量增加和使盐分排出，故应适量饮水，不可过量。最好采取多次少量饮水的方法。对水的消毒可采用碘、煮沸或滤水器来进行。最好别用净水片。

维生素：其有调节生理机能的作用，与代谢密切相关。如糖类以维生素 B 群做为转换的触媒和催化剂，维生素 C 与代谢的氧化还原有关，并有助于消除运动后的疲劳。

2.适合登山的食品

(1)登山的食品须具备三项条件：不易腐坏、方便食用、富含营养。

(2)行动中最好采用多蛋白质的食物，紧急情况下因需要立即补充能量而采用糖类食品。

(3)紧急口粮应以保持人体体温为重点，因此以糖类为主，再加上少量脂肪类食品最佳。如巧克力、蜂蜜、羊羹、果酱、奶油夹心饼干、糖果、水果干等。

(4)含蛋白质多的食品用于行动粮较佳，如奶酪、牛奶、火腿、肉干、花生、蛋等。

3.准备粮食时需考虑的因素

(1)需要的炊具种类。

(2)调理的难易度。

(3)储存时间的长短。

(4)使用时间(哪一餐用，以及其方便性和适宜性)。

(5)份量(人数、天数、食量特别大或小、男女)。

(6)水源(缺水时，菜肴中宜有汤汁等)。

(7)重量及残余物之多寡。

(8)特殊禁忌(素食、不能吃、不敢吃、不爱吃)。

4.炉具

(1)最好以 4~6 人为炊煮单位。

(2)记得带大汤勺，尤其是当时间长时。

5.登山粮食的打包

(1)依团体与个人分开。

(2)用塑料容器或塑料袋装(可避免其破裂、质轻、不占空间)。
(3)依餐别分开包装。
(4)与燃料分开以避免污染。
(5)蔬果切口后易腐坏,食用时再进行切割。

6. 一日粮食安排
(1)早餐:应含一日所需大部分的热量,且易于准备与清理,营养成分较高。
(2)午餐:补充养分,可在短时间内完成。通常于途中食用,其最好易于准备且不须炊煮,通常用来补充能量。最好将午餐放在顶袋或背包的最上层,若允许,利用午餐时补充水分。
(3)晚餐:可炊煮,准备时间较长。补充未摄取的养分及大量水分,如维生素、矿物质、纤维素。可先喝点汤以增加食欲。
(4)宵夜:其重点是补充水分。
(5)行动粮:补充蛋白质、脂肪、糖类。每次食用份量不须太多,但应经常食用。
(6)预备粮(紧急粮):因气候恶劣、行进错误、受伤或其他原因造成行程延误时的紧急储备粮食。其应不须炊煮、质轻、易消化吸收、可长时间储存。如肉干、干果、糖果、谷类混合制成的饼、水果干等。另外如汤包、茶包、饮品等也可在有水源及热源时使用。

7. 登山粮食计划
(1)其先决条件是要使大家都能吃得下。应兼顾营养、份量、重量、保存、经济和口味等因素。
(2)分个人与团体两种方式,小团体通常以团体为粮食计划单位。
(3)菜单可交由团体或个人拟定,拟定后应公布给大家审核,审核后列出所需材料的名称及份量,之后便可进行采购(表9-4)。
(4)因有些罐头太重,可用塑料容器进行分装。

8. 清洁
(1)勿使用清洁剂,即使是所谓的天然清洁剂也一样。
(2)使用热水清洁,当使用完餐具后立刻用水清洗,清洗用水应远离水源倾倒,最好是采取挖洞倾倒的方式,最后进行掩埋处理。勿用叶子、草、沙子等清洗餐具,因其可能会吸引蝇虫及啮齿类动物。不允许采取掩埋或弃置的方式处理垃圾。
(3)将剩余食物带走,并作为下次粮食计划调整的依据。
(4)应带一个大的装水容器,其可给清洗、炊煮、甚至长途旅程中的盥洗带来方便。

表 9-4 登山食品计划

名 称	数 量	名 称	数 量
大米	50 斤	火腿肠	120 根
面条	50 斤	巧克力	60 袋
牛肉	50 斤	奶粉	5 斤
羊肉	50 斤	咖啡	60 袋
猪肉	50 斤	水果糖	5 斤
色拉油	2 桶	白沙糖	5 斤
盐	3 袋	榨菜	120 袋
酱油	2 瓶	鱼罐头	60 个
醋	2 瓶	西瓜子	5 斤
胡椒	5 袋	牛肉干	60 袋
味精	5 袋	啤酒	2 箱
生姜	5 斤	饼干	60 袋
大蒜	5 斤	能量棒	60 个
蔬菜	50 斤	果冻	5 斤
水果	50 斤	药品	若干
方便面	120 袋		

第五节 制定计划范例

范例(一)

中国地质大学(武汉)2007 年攀登卓奥友峰计划书

1. 活动的主题

(1)为了迎接 2008 年奥运会的到来,中国地质大学有四人参加了奥运圣火珠穆朗玛峰传递国家集训队,并且已于 2006 年 11 月到北京国家登山训练基地开始集训,并将于 2007 年 3 月~5 月参加了国家珠穆朗玛峰圣火传递的测试活动,其中,两名队员到达海拔 7 790m 的高度,另两名队员到达海拔 7 000m 的高度。同时我校学子有望于 2008 年参与正式的奥运圣火珠穆朗玛峰传递活动。今年我校攀登卓奥友峰的登山活动,其很重要的一个方面就是为了以这特殊的活动方式来支持奥运圣火珠穆朗玛峰传递活动。

(2)2007 年是我校建校 55 周年,攀登卓奥友峰的活动是为了继续弘扬我校悠久的登山传统,以及为我校培养更多的优秀登山运动员。

(3)此活动是为了庆祝学校迁汉办学登山活动 20 周年,扩大我校在国内外登山界的影响,宣传我校的本科专业和办学品牌。

2. 攀登卓奥友峰的可行性报告

(1)卓奥友峰简介:卓奥友峰,通常也被称作"乔乌雅峰",英文名为 Cho Oyo,海拔 8 201m,地理坐标为东经 86.66°,北纬 28.09°。卓奥友峰是世界第六高峰,它屹立在喜马拉雅山脉的中部,东距世界之巅珠穆朗玛峰 100km,其北侧在中国西藏自治区定日县境内,南侧属尼泊尔王国。"卓奥友"在藏语中意思是"首席尊师"。

卓奥友峰峰顶为面积很大且平缓的雪坡,呈平台形而不是角锥形,远看的确像一个秃顶的智慧长者。卓奥友峰主要有西北、东北、西南、东南和西山 5 条山脊,其中,北坡西山脊是传统攀登路线,其峰体常年被积雪和无数条冰川所覆盖。北侧的加布拉冰川长 10km,南侧的兰巴冰川长 14km,而格重巴冰川长达 20km。冰川类型以山谷冰川为主,其次为平顶冰川、冰斗冰川等。卓奥友峰的现代冰川发育良好,在海拔 5 700m 以上的峰面,是加布拉冰川中下游的消融区。在这个区域内,冰塔林触目皆是。冰塔消融而成的冰水又汇聚成一个个冰湖。受冰湖的侵蚀,冰塔之间又形成了多姿多彩的冰沟、冰洞和冰桥,构成了一个动静相间、高低起伏、绮丽壮观的冰雪世界。在海拔 6 900m 至 7 200m 之间则是冰瀑区。由于这里山势陡峭,悬挂在山表的冰川就像一个个飞泻而下的固体瀑布,气势极为壮观。

(2)攀登历史:1954 年 10 月 19 日,奥地利登山队在夏尔巴人的帮助下,一共 4 人首次沿西北坡登顶成功。

1985 年 5 月 1 日,西藏登山队 9 名队员在队长仁青平措的带领下沿西北坡登顶卓奥友峰,这是西藏登山队第一次单独攀登 8 000m 以上的高峰并取得成功,也是我国登山队首次登顶卓奥友峰。

1985 年 5 月 5 日,由奥地利、瑞士、前西德、美国、荷兰 5 国组成的国际联合登山队登顶卓奥友峰,成为第一支从中国一侧攀登卓奥友峰成功的登山队。

1994 年 9 月 30 日,"中国西藏 14 座 8 000m 以上高峰探险队"登顶卓奥友峰。

1998 年 4 月 21 日,北京大学百年校庆登山队队员唐元新、张春柏、高永宏登顶成功,填补了国内业余登山团体登顶 8 000m 以上山峰的空白。

2000 年 9 月,山友陈杰攀登卓奥友峰成功,这是中国民间登山爱好者第一次攀登 8 000m 级山峰成功并且安全返回。

2002 年 10 月 1 日,中日女子联合登山队 11 名队员成功地登上了卓奥友峰。这次登顶创造了 4 项中国登山纪录:中日女子首次单独组队登上海拔 8 000m 以上独立山峰;拉吉和她的家庭成为中国第一个一家三口登上卓奥友峰的家庭;仁那和吉吉、大齐米和拉吉成为中国两对都登上世界第六高峰的夫妻;吉吉、拉吉和普布卓嘎成为继桂桑之后登上两座海拔 8 000m 以上高峰的中国女性。

第九章 登山计划的制定

2004年9月21日,杭州业余登山爱好者陈思齐无氧登顶卓奥友峰,这是中国民间山友第一次无氧攀登8 000m级山峰成功。

2004年9月28日,罗丽莉成功登顶卓奥友峰,她是第一位成功登顶该峰的汉族女性。

(3)气候特征:卓奥友峰地区的气候复杂多变,并与珠穆朗玛峰大体相似,上半年干燥而风大,为干季和风季。下半年为雨季,呈大陆性高原气候特征。大体来说,每年6月初至9月中旬为雨季,强烈的东南季风带来的暴雨引起了频繁的冰崩、雪崩,造成山上云雾弥漫、冰雪肆虐的恶劣气候。11月中旬至翌年的2月中旬,因受强烈的西北寒流控制,其气温可达-60℃,平均气温在-40℃~-50℃之间,最大风速可达90m/s。只有在4月底至5月末,或9月至10月这段时间,是风季与雨季相互过渡的时节,才会有3~4次并持续2~5天的好天气,这时便是进行登山活动的绝好时机,包括卓奥友峰在内的喜马拉雅地区最好的攀登季节是春季,其好天气周期持续时间较长,一般为两周左右。

(4)进山路线:首先从拉萨沿南藏公路南行,经日喀则和拉孜,行程718km到达定日县,再沿简易公路南下40km,就可到达卓奥友峰北麓,直抵加右拉冰川末端的登山大本营。这里海拔4 959m,其地形开阔、避风,且水源充足。

(5)我校拥有悠久的登山传统和丰富的登山经验:登山是我校的传统特色运动,40多年来为国家输送了大批优秀的登山专业人才,为国家争得了一系列荣誉。恰逢2008年奥运会即将到来之际,我校4名队员有幸参与2008奥运火炬珠穆朗玛峰传递预演,并有望于2008年参加正式的传递活动。本次活动的一个主要目的就是以我校传统特色项目来支持2008北京奥运会顺利举办,进一步培养并锻炼我校的登山队伍。

(6)本次登山队员的组成:登山队员是由在全校范围内选拔出来的身体素质、心理素质、思想品德、作风等方面优秀的同学,以及具有多年登山经验的带队老师组成,并聘请国家登山协会的登山教练作为技术指导。整个队伍共由13人组成,其中我校10人,外聘3人。

(7)组织实施情况:中国地质大学体育部、登山协会在前期做了大量的组织、调查、论证等工作,并与当地有关部门取得了联系。同时,也做好了周密细致的登山计划,为此次登山活动奠定了良好的基础。

(8)登山时间:登山时间拟定为2007年9月15日至10月15日,这是卓奥友峰最好的攀登时间。

(9)安全保障措施:采取学生自愿、家长同意的原则,并给同学购买保险。在前期进行有关攀登的知识、技能培训。此次攀登以训练、适应为主要目的;如果天气好、各方面条件成熟时,将进行登顶活动,为我校登山运动再创辉煌。

3. 经费预算

(1)个人装备,见表 9-5。

表 9-5 个人装备表

名　称	数　量	单价(元)	合计(元)	来　源	备　注
抓绒帽	13 顶	100	1 300	购买	
登山眼镜	13 副	300	3 900	购买	
头　灯	13 个	200	2 600	购买	
安全帽	13 顶	—	200	租借	
遮阳帽	13 顶	60	780	购买	
速干保暖衣	13 件	150	1 950	购买	
抓绒衣	13 件	400	5 200	购买	
羽绒服	13 套	900	11 700	购买	
冲锋衣	13 件	2 000	26 000	购买	
队　服	13 套	50	650	购买	
速干保暖裤	13 条	150	1 950	购买	
抓绒裤	13 条	300	3 900	购买	
羽绒裤	13 条	800	10 400	购买	
冲锋裤	13 条	1 500	19 500	购买	
加厚袜	39 双	30	1 170	购买	
徒步鞋	13 双	1 500	19 500	购买	
高山靴	13 双	—	500	租借	
雪套	13 副	—	500	租借	
冰爪	13 对	—	500	租借	
抓绒手套	13 双	100	1 300	购买	
防水手套	13 双	200	2 600	购买	
羽绒手套	13 双	300	3 900	购买	
冰　镐	13 副	—	0	协会	
安全带	13 根	300	3 900	购买	
铁　锁	26 个	50	1 300	购买	
快　挂	26 个	50	1 300	购买	
上升器	13 个	120	1 560	购买	
下降器	13 个	80	1 040	购买	
绳　套	26 个	200	5 200	购买	
登山包	13 个	1 000	13 000	购买	
睡　袋	13 床	2 000	26 000	购买	
防潮垫	13 张	100	1 300	购买	
水　壶	13 个	—	—	自备	
套　锅	13 个	300	3 900	购买	
打火机	13 个	2	26	购买	
军　刀	13 把	300	3 900	购买	
登山杖	13 根	150	1 950	购买	
合　计			184 376		

(2)集体装备,见表9-6。

表9-6 集体装备表

名　称	数　量	价格(元)	来　源	备　注
主　绳	500m	2 000	购　买	
路　绳	500m	1 500	购　买	
辅助绳	200m	600	购　买	
技术冰镐	2副	500	租　借	
雪　锥	20个	—	协　会	
冰　锥	20个	400	租　借	
主　锁	20把	1 000	购　买	
绳　包	4个	400	购　买	
扁　带	10根	200	购　买	
快　挂	20个	1 000	购　买	
工具箱	1个	—	协　会	
对讲机	4个	—	协　会	
GPS定位仪	1个	—	协　会	
路标旗	30面	200	购　买	
望远镜	2副	—	协　会	
卫星电话	1个	500	租　借	
高山帐篷	5顶	—	协　会	
地　图	1幅	10	购　买	
煤气罐	10个	500	租　借	
军用帐篷	3顶	500	租　借	
高山炉头	5个	1 000	购　买	
高山气罐	30个	600	购　买	
氧气瓶	2个	1 000	租　借	
合　计		11 910		

(3)大本营食品,见表9-7。

表9-7 大本营食品

名 称	数 量	价格(元)	备 注
大 米	100kg	400	
面 条	50kg	150	
八宝粥	100罐	400	
猪 肉	25kg	400	
牛 肉	25kg	500	
羊 肉	25kg	400	
鸡 蛋	40kg	240	
蔬 菜	若 干	500	
干 货	若 干	500	
调 料	若 干	200	
水 果	若 干	500	
其他(药品)	若 干	500	
合 计		4 690	

(4)高山食品,见表9-8。

表9-8 高山食品

名 称	数 量	价格(元)	备 注
榨 菜	200袋	200	
果 珍	50袋	350	
快餐面	200袋	400	
八宝粥	100袋	400	
压缩饼干	100袋	300	
火腿肠	400根	400	
卤水蛋	200袋	100	
水果罐头	50听	350	
咖 啡	100盒	400	
奶 粉	10袋	100	
巧克力	50盒	150	
果 冻	10kg	160	
水果糖	5kg	200	
合 计		8 200	

(5)费用合计,见表 9-9。

表 9-9 费用合计

项 目	项目内容	金额(元)
基本宣传费用	队服和旗帜	2 000
	宣传品(展板条幅、海报、宣传单等)	5 000
	摄影后期制作	4 000
	摄像带	1 500
	摄像后期制作	1 500
	报告会	5 000
	报告书	7 000
	随队记者及专题片制作播出(暂定)	5 000
交通费用	武汉—拉萨(飞机)	2 500×13=32 500
	拉萨—大本营(1 辆越野车)	10×2×900=18 000
	拉萨—武汉(火车)	1 200×15=15 600
物资托运费用	武汉—拉萨(火车)	2 000×2=4 000
	拉萨—大本营(2 辆货车、1 辆小面包车)	10×3×1 800=54 000
保障费用	进山费	2 000
	环保费	2 000
	装备	196 286
	大本营食品	4 690
	高山食品	3 510
	沿途食宿	100×15×10=15 000
	教练费	30 000
训练费用	在武汉训练费用	2 000
合 计		415 586

4. 日程安排

时间	地点	人员	内容
9月15日之前	学校	全体人员	体能训练
9月15日	武汉—拉萨	全体人员	乘飞机
9月16日—18日	拉萨	全体人员	准备工作装备、食品装车
9月18日上午	赶往日喀则	全体人员	汽车
9月19日	赶往定日县	全体人员	汽车
9月20日	赴大本营(BC,4 950m)	全体人员	汽车
9月21日	大本营	全体人员	建营
9月22日	大本营	全体人员	建营准备,休整
9月23日	BC到巴龙(过渡营地)	全体人员	运送物资,适应性训练
9月24日	到达 ABC(5 700m)	全体人员	整理建设 ABC,等待物资
9月25日	建立过渡营地	全体人员	建好过渡营地并返回 ABC
9月26日	到 C1,6 400m	A组人员	A组人员运输,修路到 C1,组建 C1,宿 C1
9月27日	到 C2,6 900m	A组人员	侦察、修建 C2 线路,返回 C1
9月28日	C1	B组人员	运送物资到 C2,组建 C2,返回 C1
9月29日	ABC	全体人员	休整、重新部署登山计划
9月30日	ABC、C1	A组人员	到 C1,晚上住 C1
10月1日	C2	A组人员	到 C2,晚上住 C2
10月2日	C2	A组部分人员	A组部分人员运输,修通 6 900～7 000m的冰墙壁,返回 C1
10月3日	C2	A组人员	到达 C2,组建 C2(7 000m)
10月4日	ABC、C1	A组、B组人员	A组宿 C2,B组人员到达 C1
10月5日	C1、C2	A组、B组人员	A组组建 C3,B组人员到达 C2
10月6日	C3(7 400m)、C4	A组、B组人员	A组组建 C4,B组人员到达 C3
10月7日—9日	C4(7 700m)、顶峰	A组、B组人员	A组登顶下撤,B组接应撤营到 ABC
10月10日	ABC、大本营	全部人员	运送物资下山,清理垃圾
10月11日	大本营—日喀则	全部人员	撤营装车,返回日喀则
10月12日	日喀则—拉萨	全部人员	还装备,整理
10月13日	拉萨—武汉	全体人员	打包托运,乘火车
10月14日	武昌	全体人员	到学校

5. 资金来源及赞助方案

(1)经费来源：学校支持，寻求赞助。

(2)赞助方案：

◆赞助项目名称：中国地质大学(武汉)2007年攀登卓奥友峰登山活动。

◆回报方式：

A. 享有"中国地质大学(武汉)2007攀登卓奥友峰登山队"的冠名权，并可有1名总代表担任登山队的荣誉队长(我方队长由学校相关人员担任)。

B. 活动中登山队员全程穿着印有该公司或其产品标志的队服，并在队旗上印制公司指定的标志和"2007中国地质大学(武汉)××登山队"字样，并携带旗子于活动全过程。

C. 我们将联系在历年活动中已经建立了良好关系的各大媒体网站，在出发和整个活动过程中不断地发出我们的报道。

D. 在活动过程中可根据公司要求展示公司或其产品的标志，并拍摄照片、DV资料，以及将资料在后期制作成宣传报告和宣传光盘送予赞助商，赞助商可用于对自己企业的广告宣传。

E. 赞助任一活动后，在中国地质大学(武汉)登山队的新闻发布会、庆功报告会会场，都将展示该公司或其产品标志，并悬挂给予赞助的单位Logo。

F. 活动前在中国地质大学(武汉)校园主干道悬挂给予赞助的单位横幅。活动完成后，举办此次活动成果汇报展览和报告会，并可根据公司需要在中国地质大学学生活动中心小广场展出产品广告、介绍产品或其他宣传活动。

G. 全程使用由公司提供的印有公司或产品标志的日常用品，也可在登山活动队伍的其他用品上粘贴企业或产品标志。

H. 向公司颁发赞助证书。并将后期制作的宣传报告书、宣传光盘作为中国地质大学(武汉)登山协会的外联常规礼品向各界赠送。

I. 在中国地质大学(武汉)网站和论坛上，将赞助企业赞助本次活动的情况向全世界宣传。

◆赞助形式：资金赞助、实物赞助、媒体支持。

◆赞助组合选择，见表9-10。

表9-10 赞助组合

组合选择	企业赞助	回报方式
组合一	资金赞助30万元以上或登山装备赞助市场价达40万元以上	A至I
组合二	资金赞助10万元～15万元或实物赞助市场价为15万元～20万元	D至I
组合三	当面协商	当面协商

◆回报方式解释：

第一条 冠名权：本队可按公司要求命名，如"中国地质大学（武汉）××登山队"等等。在活动期间一直使用此名称，并出现于各大新闻媒介。活动队服印制有公司指定标志和"地大2007××登山队"字样，活动中所有公开场合队员均着此服装。在队旗上印制企业指定标志和"中国地质大学（武汉）××登山队"字样，并携旗子于活动全过程。

第二条 前期宣传：

    A. 出发前。

    B. 向各媒体发出我们活动的新闻。

    C. 视情况邀请随队记者。

    D. 前期活动的一系列准备。

    E. 会上。

    F. 根据企业要求进行企业文化宣传。

    G. 出发前。

    H. 在地大校园。

    I. 悬挂横幅。

    J. 以张贴海报若干等形式对此次活动进行宣传。

    K. 新闻宣传：a. 我们将联系在历年活动中已经建立了良好关系的各大媒体网站；b. 在出发和整个活动过程中不断地发出我们的报道。

第三条 活动过程中的宣传。在营地和训练地展示赞助公司的名称、标识或商标并摄影摄像，可按公司要求进行广告摄影，并且将这些资料传送给各大媒体进行播放。

第四条 后期宣传：

    A. 在中国地质大学（武汉）校园内举行一次为期两天[即中国地质大学（武汉）登山队和"中国地质大学（武汉）户外拓展协会"秋季招新期间]的社团活动回顾展；

由我会会员进行讲解。内容有该年活动过程的详细报道；

展出中国地质大学（武汉）登山协会历年来登山、户外历史及成果。如中国地质大学（武汉）登山协会与各公司的合作历程也是主要内容。

    B. 在成功登顶山峰后；

于10月至11月间举办登山报告会；

报告会会上将邀请学校领导、登山户外管理部门等相关领导出席，同时还将邀请社会各界媒体出席。该活动作为本协会今年最重要的校内活动；

将调动本协会的所有资源为该报告会做宣传；

赞助公司的品牌将同时得到宣传。

C. 编写一本登山报告书和活动光盘：a. 报告书可出现赞助公司 A4 彩页广告；b. 特别鸣谢赞助公司；c. 向赞助公司赠送报告书及活动光盘；d. 此书将作为地大登山队外联工作的常规礼品向社会各界赠送。

D. 在协会编写的会刊中，可根据赞助金额，为赞助公司插入 A4 彩图或黑白广告。

E. 给赞助公司提供广告素材。向赞助公司提供含公司名称、标志及产品商标的精美图片和实况录像带。在不损害地大形象和地大登山队形象的前提下，赞助公司可将图片和录像带用于商业用途。

第五条　说明：赞助公司如有其他要求，可进一步协商。所有回报项目可经中国地质大学(武汉)登山协会与赞助公司进行详细地协商，待签订协议后我协会将严格履行自己的承诺，建议公司有关宣传部门与我们通力合作，以期达到更好的宣传效果。

中国地质大学(武汉)体育课部
中国地质大学(武汉)登山协会
2007 年 5 月 18 日

范例(二)

半脊峰攀登计划

1. 活动目标

(1)登山体验——在保证绝对安全的前提下，体验登山活动的全过程，努力使每个人达到最高的登山高度，但不保证登顶。

(2)技术训练——在保证安全的前提下，通过训练使参与者树立正确的登山观念以及安全意识，掌握基本的登山技术及战术，了解登山活动的组织和实施过程。活动中将以训练为主，结合实际的攀登活动来达到对参与者个人独立攀登能力的培养。

2. 山峰概况

半脊峰，海拔 5 430m，位于四川省阿坝藏族羌族自治州理县毕棚沟旅游风景区深处，属九寨沟米亚罗黄金旅游线。上海子大本营(海拔 3 500m)距离四川省成都市约 250km，约需 6h 车程。C2 以上海拔 5 000m 左右为常年雪线，其发育有类型丰富的冰川、坡度、裂缝、冰斗等各种丰富的地形，非常适合开展登山培训和普及型攀登活动。

半脊峰有 4 条不同难度的路线，不同水平的登山者都能找到适合自己能力的攀登路线，由于其海拔不高且有多样的冰川路线，是一座综合性很强的山峰。本次攀登训练将选择 R2 的冰雪线路进行攀登,部分路段有 50°左右的冰雪坡地形,登顶那天如果天气好,到了山脊后就能看到寻常难得一见的四姑娘山幺峰北侧的景象。

3. 攀登日程

4 月 26 日:成都集合。

4 月 27 日:成都—上海子 BC(3 500m),宿于上海子游客中心。

4 月 28 日:BC—C1(4 450m),背负个人装备,步行 6～8h,宿于 C1。

4 月 29 日:C1 培训。

4 月 30 日:C1—C2(5 000m),结组攀登,约 6h 到达 C2。

5 月 1 日:沿 R2 线路登顶并返回 C1。

5 月 2 日:撤营返回上海子 BC。

5 月 3 日:返回成都。

5 月 4 日:解散。

4. 训练内容

(1)各类登山装备(服装、宿营、技术、通讯)的基本知识和使用方法。

(2)高山医学知识:高山反应的预防与适应,高山病的基本常识。

(3)建营技术:营地选择、建营方法和营地生活。

(4)基本攀登技术:行走技术、滑坠制动技术、器械攀登技术、结组技术。

(5)各种地形(碎石坡、冰雪坡、裂缝区、刃脊、雪檐)的判断以及其通过技术。

(6)山间危险的预防(滚石、滑坠、冰崩、雪崩、流雪、雪盲、失温、冻伤)。

(7)天气判断与恶劣天气的应对方法(大雾、暴风雪)。

(8)攀登战术:路线选择、营地设置、冲顶方案、下撤方案。

5. 半脊峰攀登路线情况

(1)成都—大本营。其海拔从 280m 升至 3 500m,约需 5～7h 的车程。从成都走九寨沟米亚罗黄金旅游线,至毕棚沟内柏油路的尽头即为上海子游人接待中心,全程大约 250km,共需 5～7h,进山极为容易。大本营设在上海子游人接待中心旁的空地上,其海拔高度为 3 500m,能够停放汽车近百辆,拥有两座大型彩钢建筑,有餐厅,有床位。

(2)大本营—C1。其海拔从 3 500m 升至 4 454m,约需 4～6h。从上海子沿来时的方向往回走约 300m,在公路旁随便找到一条小的溪谷沟,就可沿着溪谷沟向上进入森林,由于毕棚沟里并没有人家,所以森林小路不是很明显,但沿途有红色的手掌大的木牌钉在树上作为路标。走不远就要离开溪谷沟,向左侧上去便进入了森林坡地。这段路主要是在森林里穿行,易迷路,尤其是在大雪以后,因此,上山的时候应多做路标。森林出口是一个很明显的拐点,从这里向内拐入便是半脊峰的山谷。从森林出来后,过一片草坡,在山谷中央有一大片平坦的以灌木为主的林地,其间有破败的牛棚子,这里的海拔接近 4 000m,可以作为中间营地的备选。后面的路线有两种选择:一条路线是横穿过林地,上到山谷右坡沿着碎石坡直接上行,是通往冰川的一条直路,但坡度较陡,有近 40°。另外一条路线是从林地左侧的乱石坡间的杂草坡向上行,一直沿山谷左侧走,路线清晰易辨,除了有很少的低矮灌木外,多为草坡和碎石坡,翻过几个大坡后,在接近山谷尽头的位置,有一块约一个足球场大的开阔地,并有很厚的积雪,其上可以建 30 顶以上的帐篷。从大本营到 C1,空身走约需 4～6h,负重走约需 8～10h。

(3) C1—C2。其海拔从 4 454m 升至 5 026m,约需 5～6h。出 C1 后沿 C1 背后的大雪坡直上,此段积雪很厚,积雪层下为碎石坡,并会常踏进石缝中。其中个别地段坡度达到 40°,大雪后易发生流雪。全程无良好的休息点。

约 3～4h 后,直上到主峰西北山脊向下延伸的一条次山脊上,这条次山脊并不明显,其路线从山脊上的一处凹部穿过,凹部的海拔高度是 4 850m,次山脊右侧的山谷中即为半脊峰的冰川末端。之后路线向左拐,可看到一处状似纪念碑的显著标志物(即如图 9-1 所示 4 980m 红色箭头所指的小尖峰,4 980m 为小尖峰脚下所测,小尖峰高度不祥,估计约 5 000m 左右),路线左拐后沿着岩石山脊和冰川的接合部向上,约 1 个 h 后可到"纪念碑"下方,此处海拔为 4 980m,是冰舌侧缘和山脊接合部,自然形成一处凹地,避风性较好,但只能容纳两三顶帐篷,且有落石危险。

从 4 980m 继续沿岩石山脊和冰川侧缘的接合部向上,约 40min 后即可翻上 C2 平台,其海拔为 5 026m,是一处可建几十顶帐篷约 10°左右的缓坡,周围有几条明暗裂缝,建营之前需仔细检查,并划出活动区域。在 C2 附近,冰川地形变化多样,是较适合技术训练的场所。

(4) C2—TOP。其海拔从 5 026m 升至 5 430m,约需 5～6h。从 C2 营地能够清楚地看到登顶的 4 条路线:R1 为冰岩混合路线,是首登时的路线,共分为 4 个绳段的冰雪路线,有岩石可设保护。过了这 4 个绳段后,是较平缓的通往峰顶的山脊,再有 3 个多绳段后便可到达峰顶;R2 为攀冰路线,其坡度约 50°左右,攀冰约 7 段便可至顶;R3 为大雪桥路线,过雪桥后上到山脊,再沿山脊一路斜切至顶,其坡度约 40°左右;R4 是首登时的下降路线,其雪坡近 50°,也是上到山脊后沿山脊上升至顶。半脊峰的顶部实际上是一条很长的山脊,山脊的西北侧是雪坡,东南侧是雪檐。

(5) TOP—C2—BC。其海拔下降顺序为:5 430m→5 026m→3 500m。从顶峰撤到 C2,可从半脊峰和 5414 峰之间的垭口向下,沿 R2 路线返回。从 C2 到大本营的路线基本上是按原路返回,注意不要在森林里面迷路。

6. 个人装备清单——登山专用

(1)第一类:必备装备,见表9-11。

表9-11 个人必备装备清单

类别	名称	说明	数量
服装装备	羽绒衣	必须带帽子	1件
	冲锋衣	防水、防风	1件
	冲锋裤	防水、防风	1件
	抓绒衣	可用普通厚衣物代替	1件
	抓绒裤	可用普通厚衣物代替	1件
	排汗内衣裤	Cool-max材料,可用普通内衣代替	1套
	防水手套	一定要防水,要有备份,如手套内有保暖层可不携带抓绒手套	2双
	抓绒手套	可用普通厚手套代替,要有备份	2双
	护耳保暖帽	一定要可以护住耳朵	1顶
	毛袜	多带备份	2双
	徒步鞋	高帮,防水	1双
宿营装备	大背包	60L以上,最好有防水背包罩,贴上个人标签	1个
	小背包	20~30L,随身物品	1个
	驮包	结实耐用,可上锁,贴上个人标签,如大包够用可不携带	1个
	羽绒睡袋	1200g以上,最好配防水压缩睡袋套	1条
	防潮垫	有套子	1个
	头灯	多备一份头灯电池	1个
	保温水壶	1L左右	1个
	餐具	饭盆、水杯、勺子、筷子	1套
技术装备	登山杖	最好一对配合使用	2支
	高山靴	双层靴或单层皮面靴皆可	1双
	冰爪	用冰爪套携带,或者用结实防刺的袋子	1副
	雪套	如果是绑带式的,多带备份的带子	1副
	行走冰镐	用2m长,直径8mm左右的登山绳做好腕带	1个
	头盔	登山攀岩专用	1个
	高山墨镜	高山专用墨镜或风镜,要有备份,有绑带,如有条件可准备防雾喷剂	1~2副

续表 9-11

类别	名称	说明	数量
技术装备	安全带	登山或攀岩用安全带皆可,两侧要有挂装备的环	1 条
	主锁(丝扣锁)	不要用自动锁	4 把
	小锁(普通锁)	尽量用直门锁,不要用弯门锁	4 把
	手式上升器	用大约 2.8~3m 长、直径约 8mm 左右的登山绳做成牛尾	1 个
	保护器	"8"字环最好用大"8"字环,ATC 和 REVORSO 也可,其他不行	1 个
	菊绳		1 条
	细绳	直径 6~6.5mm 的细绳,其中一根长 2m,另一根长 8m	2 根
	扁带套	60cm 长的 2 个,120cm 长的 2 个	4 个
	地图袋	A4 大小即可	1 个
	指北针	定向专用(长方形透明塑料板、带刻度尺)	1 个
个人高山必备用品	小刀		1 把
	哨子	特殊情况下联络用	1 个
	打火机	或防水火柴,多做备份,注意防水	1~2 个
	唇膏	最好是防晒唇膏	1 支
	防晒霜	SPF30 以上,小瓶	1 瓶
	防水袋	用来装手套、袜子、火柴、电池、相机等需要保持干燥的物品,可用普通密封袋代替	若干
	手表	腕表,手机不能代替手表	1 个
	个人急救药包	个人常用药品和外伤基本急救药品	1 套

(2)第二类:非必备装备,如果有可携带,见表 9-12。

表 9-12 个人非必备装备清单

类别	名称	说明	数量
技术装备	雪锥	可用三角铁做	1 个
	螺旋冰锥	长度在 16cm 以上	不限
	滑轮	单滑轮	1 个

范例(三)

慕士塔格峰攀登计划

1. 慕士塔格峰简介

其英文名为:Mu-shih-t'a-ko Shan 或 Muztagata Shan,亦称喀什噶尔山(Kashgar Range)。

该峰位于中国新疆维吾尔自治区西南部山脉,耸立于帕米尔高原东侧、昆仑山西端。其主峰海拔为 7 546m,主要由片麻岩、石英岩组成,呈穹窿构造。冰盖面积约 200km²。有 10 多条冰川,多分布于西侧。维吾尔语"慕士塔格"意为"冰山"。其北部的公格尔山海拔为 7 719m,其山体巨大,山顶平坦,冰盖面积超过 300km²。1959 年公格尔山发生了 6.4 级地震。公格尔九别峰海拔为 7 595m,维吾尔语为"白色帽子"之意。1959 年 6 月 17 日,中国女子登山队曾攀登峰顶。

慕士塔格冰山海拔为 7 745m,位于东经 75.1°、北纬 38.5°的新疆阿克陶县与塔什库尔干的交界线上,塔吉克语意为"冰川之父"。其属西昆仑山脉,与公格尔峰、公格尔九别峰并称东帕米尔高原三高峰。该山峰西边坡势平缓,北边和东边却十分险峻。该峰山体浑圆,状似馒头,常年积雪,雪线约为海拔 5 200m,冰山地貌发育有 10 余条冰川,其中最大的栖力冰川和克麻土勒冰川将山体横切为两半,冰川末端到达海拔 4 300m 处。山顶冰层厚 100～200m,有"冰川之父"之称。该峰主要有 4 条山脊:南山脊、西山脊、西北山脊、东北山脊,西坡坡势平缓,但多裂缝,北坡和东坡均十分险峻。从山脚的卡拉库里湖边看去,该峰就像是一位白发苍苍的老人,当地人称之为"慕士塔格阿塔","慕士塔格"意为"冰山","阿塔"意为"父亲"。平缓的西坡是滑雪的好场所,每年吸引了大量欧洲的登山滑雪者。慕士塔格是世界上最高的能滑雪的山,在欧洲的登山滑雪者的心中是滑雪胜地。

相传,慕士塔格峰上住着一位冰山公主,她与住在对面的海拔 8 611m 的世界第二高峰乔戈里峰上的雪山王子热恋,但凶恶的天王知道后很不高兴,就用神棍劈开了这两座相连的山峰,拆散了冰山公主和雪山王子这一对真挚相爱的情人。于是,冰山公主整天思念雪山王子,她的眼泪不停地涌出,最终流成了道道冰川。山上终年积雪不化,冰珠闪烁,如同一位须发皆白的老父,更因为它是冰川形成最早的山峰,所以被人们称做"冰山之父"。若非晴天,它的身影总是隐没于云纱雾海之中,轻易不肯露出"庐山真面目",给人以老者的深沉神秘感。若在晴空万里之时,放眼望去,白雪皑皑的山峰夹带着伸向雪线下的道道冰川,宛若冰川公主为雪山王子歌舞时飘逸的白裙与长袖。

慕士塔格山巍峨庄严,纯洁高雅,美好的传说又被塔吉克族的青年男女看作是纯洁爱情的象征。

第九章 登山计划的制定

2. 气候

该地气候与公格尔山相似。由于有众多山系阻隔了印度洋、太平洋气流的进入,因而气候十分干燥,降水主要来自于高空西风带气流和极地冷湿气流的相互作用。在海拔 7 500m 左右的地区,其平均气温为 $-20℃$,最低可达 $-30℃$,最大风力为 9~11 级,风力通常在 7 级左右。天气频繁变化是这一地区的一大特点,即使在夏天,山上也可能风雪交加,气温可下降到 $-20℃$。登山活动一般安排在每年的 6~8 月为宜。

3. 路线

进山路线可沿中巴公路南下而至苏巴什,距喀什 204km,然后徒步进山,可在海拔 4 500m 处设立大本营。

4. 攀登历史

1956 年:中国和前苏联联合登山队 31 名队员经奋力拼搏,最后全部登顶成功。

1959 年:中国登山队 33 名队员登顶成功,创造了女子登山高度世界纪录。

1974 年:英国人西普顿和犹尔曼第一次尝试登山宣告失败。

1993 年:北京大学登山队 10 人登顶成功。

1998—2008 年:每年都有经过组织的商业登山队登顶。

5. 具体行程安排(7 月 6 日—7 月 30 日)

D1 天:18:00 前全体队员在喀什集合,晚餐,宿其尼瓦克宾馆标准间。

D2 天:8:00 早餐后分两队从喀什乘车出发,队员们由领队带领经盖孜边防检查站,中午到达卡拉库里湖,休息半小时,欣赏慕士塔格峰、公格尔峰、公格尔九别峰,下午到达海拔 3 200m 的塔什库尔干县,自由活动,做高海拔的初级适应训练,宿石头城宾馆标准间。另一队由大本营工作人员带领驮队运输全部物资进驻 BC,建立 4 430m 登山大本营,为队员进山做好准备工作。

D3 天:9:00 早餐,全体队员乘车并在中巴公路 1 669km、海拔 3 800m 处下车,徒步 8km 左右进入海拔 4 430m 的大本营,宿 BC。

D4 天:整理营地及个人装备,休整一天,宿 BC。

D5 天:适应性运输 BC 到海拔 5 530m 的 C1,当天撤回海拔 4 430m 的 BC,宿 BC。

D6 天:BC 附近观光,拍摄,自由活动,休整一天,宿 BC(从此队员分成 A、B 两个攀登小组进行交替攀登)。

D7 天:从海拔 4 430m 处 BC→海拔 5 530m 处 C1,并建营,宿于海拔 5 530m 的 C1。

D8 天:从海拔 5 530m C1 撤回到海拔 4 430m 的 BC,宿 BC。

D9 天:在海拔 4 430m BC 休整一天,宿 BC。
D10 天:从海拔 4 430m BC→海拔 5 530m C1,宿海拔 5 530m C1。
D11 天:从海拔 5 530m C1→海拔 6 250m C2(返)→C1→BC,宿海拔 4 430m BC。
D12 天:在海拔 4 430m BC 休整一天,宿 BC。
D13 天:从海拔 4 430m BC→海拔 5 530m C1,宿海拔 5 530m C1。
D14 天:从海拔 5 530m C1→海拔 6 250m C2,宿海拔 6 250m C2。
D15 天:从海拔 6 250m C2(返)→C1→BC,宿海拔 4 430m BC。
D16 天:在海拔 4 430m BC 休整一天,宿 BC。
D17 天:从海拔 4 430m BC→海拔 5 530m C1,宿海拔 5 530m C1。
D18 天:从海拔 5 530m C1→海拔 6 250m C2,宿海拔 6 250m C2。
D19 天:从海拔 6 250m C2→海拔 7 000m C3,宿海拔 7 000m C3。
D20 天:8:00 出发从海拔 7 000m C3 冲顶后,于 14:00 前下撤返回至 C3、C2,宿海拔 6 250m C2。
D21 天:从海拔 6 250m C2(返)→C1→BC,宿海拔 4 430m BC。
D22 天:在 BC 做撤营准备,整理个人装备。宿海拔 4 430m BC。
D23 天:撤营,全队在中巴公路 1 669km 处的苏巴什村乘车返回喀什,晚餐后宿其尼瓦克宾馆标准间。
D24 天:12:00,该活动的总结宴会,活动结束后,送团。
注:本计划根据以往攀登经验进行了调整,延长了其前期的攀登周期,提高了队员的高海拔适应能力,因天气等原因影响,活动时间有可能做两天左右的时间调整。

6. 公共物资
其装备的名称、数量如下:
(1)大本营帐篷:1 顶;
(2)炊事帐篷:1 顶;
(3)普通宿营帐篷:3 顶;
(4)宿营地席:10 张;
(5)备用帐蓬:2 顶;
(6)防潮垫:1 张/人;
(7)备用帐蓬、宿营地席:4 张;
(8)睡袋(材料不限,舒适低温指标-10℃):1 条/人;
(9)折叠椅子;
(10)折叠桌子;

第九章 登山计划的制定

(11)遮阳篷(3m×3m);

(12)帐篷地席(尼龙布,保护帐篷底部用);

(13)发电机:1台;

(14)30L汽油桶:2个;

(15)机油:1L;

(16)电线:100m;

(17)插线板:5个;

(18)灯口:10个;

(19)100W飞利浦牌灯泡:8个;

(20)60W飞利浦牌灯泡:10个;

(21)电源插头:15个;

(22)物资仓库帐篷:1顶;

(23)雨布:若干;

(24)野营凳:25个;

(25)蓄电池:1个;

(26)对讲机:12部;

(27)卫星电话:1部;

(28)电台备用电池:1块;

(29)八木定向天线:1副;

(30)射频电缆:1条;

(31)备用大冰镐:2支;

(32)挂物用小铁锁:10把;

(33)望远镜:1架;

(34)三脚架:1副;

(35)煤气灶:4个;

(36)炒锅:2个;

(37)水壶:2个;

(38)大煤气罐(容量15kg):6个;

(39)汤桶:2个;

(40)8磅热水瓶:2个;

(41)大高压锅:2个;

(42)小高压锅:1个;

(43)餐具(饭盒带水杯、勺子、筷子):30套;

(44)摩擦式气体打火机:20个;

(45)普通火柴:20 盒;
(46)防风火柴:5 盒;
(47)备用高山油炉:1 套;
(48)备用套锅(L 号):1 套;
(49)电筒(用 5 号电池 2 节):2 个;
(50)备用电池(5 号):300 个;
(51)营斧:1 把;
(52)营铲:2 把;
(53)杂物,如绳索、塑料袋、洗洁精、肥皂、卫生纸等若干;
(54)污物桶:1 个;
(55)杂物箱:2 个;
(56)食品箱:4 个;
(57)水盆:8 个;
(58)橡胶手套(洗锅洗碗用):5 副;
(59)水桶:2 个;
(60)水勺:2 个;
(61)纸、笔、登山计划书、采访录音机、健康检查表等若干;
(62)书籍、报纸、杂志、扑克牌等若干;
(63)闹钟:2 个;
(64)公用餐盆:8 个。

7. 食品类

(1)主食:面粉、大米、馕(小)、挂面、面包、羊肉、牦牛肉、鸡肉、清油。

(2)速食方便食品类:方便面、速食米饭、方便米线、压缩饼干、饼干、午餐肉、军用猪肉罐头、八宝粥、火腿肠。

(3)蔬菜水果:土豆、胡萝卜、白萝卜、洋葱、大葱、大蒜、西红柿、青椒、莲花白、大白菜、黄瓜、莴苣、葫芦、豆角、长豆角、茄子、生姜、苹果、梨子、桔子、西瓜、甜瓜。

(4)副食品:鸡蛋、卤蛋、皮蛋、咸鸭蛋、腊肉、香肠、牛肉干、鱼片、沙司、大白兔奶粉、葵花籽、海苔片、粉丝、海带、核桃仁、杏仁、葡萄干、杏脯、无花果干、水果糖、咸干花生、砂糖、榨菜、咸菜、老干妈辣酱、博湖辣酱、朝天椒、腐乳、果酱、山楂片、口香糖、西瓜籽。

(5)饮品:葡萄糖粉、速溶咖啡、立顿红茶、绿茶、可乐、果珍、果冻、奶粉、蜂蜜、啤酒。

(6)调料:花椒粉、胡椒粉、姜粉、大料粉、咖哩粉、孜然粉、辣子面、干辣粉、盐、味精、鸡精、汤料、香油、酱油、醋。

第九章 登山计划的制定

8. 公用物资备注

大本营帐篷一顶,放置桌椅,由发电机供电照明,用于休息、用餐、开会等;大型炊事帐篷一顶,用于存放物资和伙房;双层铝杆宿营帐篷两人一顶,视活动总人数而定;卫星电话,用于与外界联系及紧急时的应急通信;发电机,用于照明和充电;大功率基地电台和天线,用于与高山营地的通讯和与外界的应急通信;煤气灶、炒锅、高压锅、餐具若干套;随时供应新鲜肉类、新鲜蔬菜、新鲜水果及热茶、热水、热饭、可乐、啤酒等;常规和应急药品库。

9. 高山营地主要公共物资

高山营地所有帐篷均采用名牌高山帐篷,共14顶,高山气炉8个,套锅6套,雪铲和雪锥若干等。

10. 个人装备要求(队员自备)

(1) 65L以上背包:1个;

(2) 80L装载包:1个;

(3) 高山靴:1双;

(4) 踏雪板:1副;

(5) 雪套:1副;

(6) 冲锋衣:1件;

(7) 雪裤:1条;

(8) 羽绒上衣:1件;

(9) 羽绒裤:1条(也可以用厚毛裤加抓绒裤或两条抓绒裤代替);

(10) 抓绒衣裤:1套;

(11) 排汗内衣:2套;

(12) 羽绒手套:1双;

(13) 防风手套:1双(备用);

(14) 羊毛袜子或厚袜子:4双;

(15) 雪镜:2副(一副备用);

(16) 抓绒帽子:1顶;

(17) 雪杖:1对;

(18) 1L保温壶:1个;

(19) 个人餐具:1套;

(20) 头灯:1个;

(21) 防潮垫:2个(一个用于BC,可以用自充气垫,比较舒服;另一个用于高山营地,搓板泡沫垫最好);

(22) −25℃以下的羽绒睡袋:1条(山上用);

(23) -10℃睡袋:1条(BC用);
(24) 尿壶:1只(密封要好);
(25) 防晒霜、唇膏:各1支。

第十章

高山救援

　　登山训练强调的重点在于如何保持安全与避免受伤。然而，即使是准备最为充分的登山者，也有可能会遇到需要急救与救援技巧的状况。本章中介绍的内容只是在紧急情况下的一些基本措施，我们强烈建议所有的登山者都应该学习一门公认的急救课程，并且确保它足以使你可以应付可能出现的紧急情况。

第一节　紧急救援

1. 体温过低

　　在高山地区，这是一个很严重但却经常被忽略的问题。当人的体温低于 37℃ 时，就进入了体温过低的状态。这是一个由多种因素综合而成的结果，最常见的因素是因为用来抵御外界寒冷天气的衣物不够保温，还可能是由于体能消耗过多或营养不够，从而身体内没有足够的能量来维持它的正常温度，不得不通过减少对手、足的供血来保护身体其他重要的器官。

　　体温过低的初期症状是很难察觉的，攀登者可能在短期内出现比平常笨拙、脾气暴躁、沉默寡言、倒行等症状。然而，这些状态也许会与你的伙伴的状态相同，所以，体温过低的初期症状就会经常被忽略。

　　发展到下一阶段，则病人就已经处于危险期了，其症状表现为步履蹒跚、身体不协调、讲话含糊不清或行为古怪，并出现难以控制的颤抖，甚至于颤抖最终停止。至此，病人已经很危险了，必须立即给病人采取保暖措施，如果可能的话给病人吃富含大量能量的食物或饮品。在帐篷或雪洞里，给受寒者换掉潮湿的外衣，用睡袋或保暖衣服给病人保暖，或让一名体温较高的队员和病人共同进入睡袋，以此来分享体温。

　　体温过低，通常我们是可以避免的，只要携带并穿着合适的衣物，当你开始觉得冷时应及时添加衣物，保持水分充足并食用富含能量的食物，最重要的是要随时关注你的同伴，在可能造成体温过低的情况下更要关心你的同伴。记住，身体又瘦又小的人和孩子更容易造成体温过低。

2. 冻伤

　　在高原上，特别是在登山过程中，冻伤十分常见。在一次攀登珠穆朗玛峰的活动中,一支由 400 人组成的队伍,其冻伤的发病率高达 7%,这么高的发病率主要由以下三方面的原因造成:①日暮之间环境多变;②"风冷"的破坏威力;③保温不当。

冻伤的现场处理:其治疗原则是防止受冻部位擦伤,应使其尽快复温,以防治感染,并保护痂皮待其自然脱落,以及进行对症处理。早复温是最有效的治疗方法。实验表明,空气温度不低于-15℃时,手指可耐受 7min 而不会使其产生严重损害,如冰冻时间长达 20min,然后及时妥善地进行复温处理,也可不留永久损害。采取及时处理措施时应注意以下几个方面。

(1)禁忌:流传中的用雪搓擦冻伤部位,或用手按摩,当应属禁忌,以免损伤皮肤,引起感染。即使有人声称在此方面的经验很多,但因缺乏科学依据,故也不能接受此法。

(2)腋窝复温:如果此时距保健站较远,须隔夜才能到达,则可找到最近的隐蔽所,把患者冻伤的手、足夹在腋窝下,或贴近腹壁,以帮助其复温。如果所处环境很差,仍处在冻伤的威胁之中,则首先应下撤到安全地方后再复温。

(3)吸氧:低流量吸氧,可能有助于提高伤部供氧,以减少细胞损害程度。

(4)温水复温:将水温恒定在 41~43℃ 之间,在患处复温约半小时,然后轻轻地吸干水滴,并用消毒巾覆盖患处。用温水复温是最有效的。

(5)一定要保持受伤部位的清洁,以防其受感染。

3. 高原反应

高原反应有以下三种公认的情况,这三种情况有时会同时发生。

(1)急性高山病。其因为海拔的增高而发生,并且在某种程度上会影响到每一个人。其反应症状一般为身体不适和头痛,随后会出现恶心、乏力、头晕、心悸、气短和嗜睡等状况。如不能正确地进行调整,则会使人浑身无力。一方面,如果有充分的时间去进行调整,任何人都是可以适应的;但另一方面,由于生理上的个体差异,有些人并不能完全适应。一些药品如红景天、银杏冲剂等似乎能减轻急性高山病的症状,这也许是因为人体可以更好地吸收血液中和新陈代谢过程中的氧气。

然而,对这种情况最好的也是唯一有效的方法就是将患者先护送到低海拔的地方去,待其恢复后,再归队。急性高山病有时是发生更严重疾病的先兆,所以我们不能忽视它。

(2)高原肺水肿。它是由于肺泡中的液体通过肺泡壁进入到肺脏中,而使得肺泡中的氧气交换无法进行而引起。登山者几乎是被自身体内的液体"淹死"的。其症状逐步表现为气短、恶心、呕吐、脉搏跳动过快(每分钟超过 120 次),呼吸粗重并发出"噼啪"声,嘴唇和脸色苍白(青紫),咳嗽时伴有浓痰甚至带有血丝。如不及时救治,病人随后则会失去知觉,甚至死亡。

其治疗方法是：立即给患者吸氧，并尽快将病人送往低海拔地区。

(3)高原脑水肿。它是因为体内的液体大量集中于软组织中（特别是脑部）而引起的。其初期症状表现为剧烈地头痛，这是由于脑内的内腔压力增大所致。随后身体协调性降低，并迅速发展为说话含糊不清，逻辑性降低，产生虚脱，甚至死亡。其救治方法与高原肺水肿相同。

高原肺水肿和脑水肿患者的康复需要数天或数星期，所以即使在低海拔地区休养过后，如想重返高山地区仍需要做慎重考虑。

4. 雪崩

雪崩对登山者、当地居民和旅游者是一种很严重的威胁。在高山探险遇到的危险中，雪崩造成的危害最为频繁和惨烈，常常会造成"全军覆没"。因雪崩遇难的人数占全部高山遇难总数的 1/2～1/3。但是，探险者遭遇雪崩的地理位置不同，其危险性也不一样，如果所遇雪崩的位置正处在雪崩的通过区，其危险就会小一些；如果探险者被雪崩带到了堆积区，那么其生还的几率就很小了。

(1)遇上雪崩是很危险的，因此，在雪地活动的人必须十分注意以下各项。

◆ 探险者应避免走雪崩区。当实在无法避免时，应采取横穿路线，切不可顺着雪崩槽攀登。在横穿时要以最快的速度走过，并设专门的瞭望哨紧盯可能雪崩发生的地区，一旦有雪崩发生的迹象或已发生雪崩则要发出大声警告，以便使正在通过者赶紧采取自救措施。

◆ 大雪刚过，或连续下了几场雪后切勿上山。此时，新下的雪或上层的积雪很不牢固，稍有扰动就足以触发雪崩。大雪之后常常伴有好天气，必须放弃好天气以等待雪崩过去。

◆ 如必须穿越雪崩区，应在每天上午10时以后再穿越。因为，此时太阳已照射雪山一段时间了，若有雪崩发生的话也多在此时以前，这样也可以减少危险。

◆ 天气时冷时暖，若天气转晴，或春天开始融雪时，积雪则变得很不稳固，很容易发生雪崩。

◆ 不要在陡坡上活动。因为雪崩通常是向下移动，雪崩一般发生在 25°～50° 的斜坡上。

◆ 高山探险时，无论是选择登山路线，还是营地，应尽量避免选择背风坡。因为背风坡容易积累从迎风坡吹来的积雪，容易发生雪崩。

◆ 行军时如有可能应尽量走山脊线，并走在山体最高处。如必须穿越斜坡地带，切勿单独行动，也不要挤在一起行动，应一个接一个地走，后一个出发的人应与前一个保持一段可观察到的安全距离。

在选择行军路线或营地时，要警惕所选择的平地。因为在陡峭的高山区，雪崩堆积区最容易表现为相对平坦之地。

在高山行军和休息时,不要大声说话,以减少因空气震动而触发的雪崩。行军中最好每一个队员身上系一根红布条,以备万一遭雪崩时易于被发现。

◆ 注意雪崩的先兆,例如是否有冰雪破裂声或低沉的轰鸣声,是否有雪球下滚或仰望山上时看见有云状的灰白尘埃。

◆ 雪崩经过的道路,可依据峭壁、比较光滑的地带或极少有树的山坡的断层等地形特征辨认出来。

(2)发生雪崩时,应采取以下各项急救措施。

◆ 不论发生哪一种情况的雪崩,都必须马上远离发生雪崩的路线。此时,出于本能,人会直接朝山下跑,但冰雪也向山下崩落,而且时速达到了200km。向下跑反而危险,可能被冰雪埋住。向旁边跑则较为安全,这样可以避开雪崩,或者能跑到较高的地方。

逃离时,应抛弃身上所有的笨重之物,如背包、滑雪板、滑雪杖等。带着这些物件,倘若陷在雪中,活动起来会显得更加困难。

切勿用滑雪的办法逃生。不过,如当时处于雪崩路线的边缘,则可采取疾驰的方法逃离险境。

◆ 如果被雪崩赶上,无法摆脱时,切记应闭口屏息,以免冰雪涌入咽喉和肺部而引发窒息。同时,应抓紧山坡旁任何稳固的东西,如矗立的岩石之类。如果暂时被陷入其中,不要慌乱,待冰雪泻完后,那时便可脱险。

◆ 如果被雪崩冲下山坡,应尽力爬上雪堆表面,并平躺其上面。如未爬出雪堆表面,则应采用爬行姿势在雪崩面的底部活动,休息时应尽可能地在身边造一个大的洞穴,并在雪凝固前,试着到达其表面。同时,应扔掉你的工具箱,因为它将使你在被挖出时妨碍你抽身。被救出之前,应节省力气,当听到有人来时应大声呼叫,同时以俯泳、仰泳或狗爬的姿式逆流而上,逃向雪流的边缘。

◆ 被雪掩埋时,应使自己冷静下来,并让口水流出从而判断此时自己所处的上下方位,然后奋力向上挖掘。逆流而上时,双手前面虽然有挡住的石头和冰块,但一定要设法爬上雪堆表面。

◆ 如果有队友被雪崩所埋,应尽快地搜救队友,这时时间尤为重要,早一点把队友从雪堆中救出来,队友的生存几率就会大一些,但在搜救过程中,不要用冰镐、冰爪等硬性物品进行挖掘,以免这些利器伤到被埋人员,应用塑料雪铲或是头盔等工具挖掘。

◆ 因坠落、滚石、雪崩等事故造成外伤时,必须首先检查其呼吸、心跳和出血情况。

呼吸道(Airway)——确保伤者的嘴部、喉咙和肺部没有被堵塞。如果伤者可以进行无意识的呼吸,将他放于恢复位置,并将他的头转向一侧,这可以使病人呕吐时而不堵塞呼吸道。在转移病人之前,首先要检查其是否有明显的头伤、颈伤和背伤。

呼吸(Breathing)——如果呼吸道畅通但伤者并不呼吸,就要对其进行口对口的人工呼吸。以对其胸部按压30次、吹气2次为1个循环,在施行心肺复苏法5个循环后以10秒钟时间检查其脉搏及观察循环征象,而后每隔5个循环再检查1次,一直坚持到病人开始呼吸,或到他死亡。一个受重伤的病人开始无援助呼吸,是需要一段时间来恢复的,所以不要轻易放弃,至少要对其做半个小时以上的人工呼吸。

循环(Circulation)——检查病人是否有心跳、脉搏。如果没有,首先检查病人的颈部或背部的外伤,接着将病人仰放,实施心肺救助,直到病人脱离危险。

大量失血(Blooding)——如果病人的伤口流血不止,将垫布直接压于伤口上,也可用背包绳之类的东西进行止血,从而阻断血流,以达到止血的目的。由于会影响整个肢体组织的血液供应,应限制使用,每次施压时间不能超过30min。

第二节　救援训练

对每个登山者的教育训练皆应包含救援训练的内容,其内容应包含急救、救援系统以及领导能力的训练。

1. 急救

在针对城市急救课程里所教授的急救技巧,其目的大多在于帮助严重受伤的患者在第一时间内存活;但山野间的急救工作则必须帮助患者在恶劣的户外环境下渡过一天,甚至是几天。

2. 救援系统

救援的技巧根源于登山技巧。你需要熟悉救援的安全标准,并演练可以升高或降下伤患的系统。熟知手边器材的强度情况,可以帮助你架设足够牢固而不会太过困难、复杂的固定点和系统。关于救援系统的知识是在不断更新的,今天普遍认为安全的一套系统,在明天可能会因为一些新知识的出现而被认为是不安全的,登山者有责任随时注意这个领域的新发展。

3. 领导能力训练

此项训练可以让你更有效率地组织与指挥登山队。担任领队工作极具挑战性,在遭遇紧急状况时更是如此。大多数的领队会因为过度专注在某件事上而忽略整体。适度授权他人并对整体保持广泛注意,可以让这项任务轻松一些。

4. 高山救援的7个步骤

步骤1　掌握情况。先做几个缓慢的深呼吸,以克服因急促上升的肾上腺素所带来的反应,让你的脑袋重新开始工作。一个大家公认的领队必须及时地评估情况、拟定计划,以及分派工作。如果队伍在出发时没有指派医师,现在便需要选出一个。

步骤2 以安全的方式接近伤患。领队需要谨记:①以救援者的安全为优先考虑,不要让救援队的成员成为额外的负担;②任何反应都必须谋定而后动,必须是未雨绸缪,而非只是单纯反应;③遵循你之前所受的训练,在压力下,你通常无法成功地做出临场反应。

步骤3 开始实施紧急救护。由医师或有经验的人对伤患的状况进行评估,而后施行紧急救护。

步骤4 评估状况。领队需要在构思整套计划前清楚了解当下的状况。领队必须评估以下几点:①伤患状况;②发生意外的环境;③天气状况;④后撤的距离;⑤救援人员的状况;⑥可用的装备。

步骤5 拟定计划。评估过程结束后,领队接下来的工作便是要拟定一套计划,其内容包含立即救援与队伍撤离。该计划必须指出需要进行的工作并指明负责人。来自其他救援队的意见可以确保领队考虑到所有重要的因素。一次典型的救援行动应包括提供急救措施、操作升高或降低的系统、提供确保并协调救援系统的执行,以及向外寻求进一步的协助。队伍中的某些队员可能无法完成某项工作,此时应考虑将他们送回登山口。

步骤6 寻求外援。在队员受伤严重、救援工作较棘手以及撤退距离较长时,通常需要寻求外援。除非伤患者可以自行撤退,否则领队应派人向外寻求援助。宁可后来发现原来并不需要外界的援助,也不要等到你在完全肯定需要外界援助时才求助,从而拖延求助的时间;因为援助很有可能会在你已迫切需要时才抵达。找出对伤患者最安全有效的救助办法,并保持与外界的通讯联系。

步骤7 完成救援计划与撤离。运送伤者时要避免在运输过程中使伤者二次受伤,并以最安全、最快的速度撤离到安全地带。

第十一章

高山气象

第一节 山区气象知识

了解当地的气候状况不仅有助于登山者决定探险时所需携带的衣物和装备,而且是能否成功登顶的重要因素,可以说,一旦进入山区,能否登顶成功,好的天气是决定性因素。登山者不仅需要知道逗留期间当地的平均气温和降雨量,而且要了解同时期关于气温和降雨量峰值的历史记载情况,并弄清楚暴风雪来临的方向以及其来临的先兆,很多地区都有一年一次的季风现象。即使在同一山区,不同的山峰也有着自己的小气候现象,不同高度其气候也不相同,一般来说,海拔每上升1 000m,其气温下降6℃左右,如果在高空风的影响下,温度则会下降得更加厉害,特别是人体感知温度。例如,在无风条件下,气温为1℃;一阵七级的阵风刮起,实际相当于降到了-22℃,这种由于风速增强使空气的温度变冷的效应,术语称作"风冷"。所以在高山上,做好保温措施是非常重要的,特别是肢体的末端部位,如手指、脚趾、鼻梁和脸颊等。图11-1为迎风坡和背风坡的不同气象条件示意图。

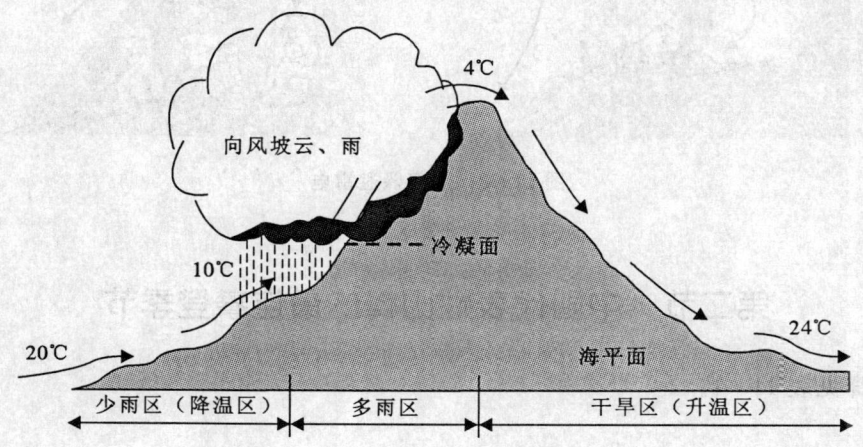

图 11-1 迎风坡和背风坡的不同气象条件示意图

登山,特别是登顶阶段,与当时的气象条件有着极为密切的关系。天气变化的好坏,直接关系到登顶的成败。在登山史上因气象预报不准确或不能正确使用气象预报信息而失败的例子很多。因此,在登山前和登山过程中,了解和掌握当地的气候特征和天气变化规律是非常必要的。

登山季节的选择,只是从气候角度提供了一个适宜登山的最佳天气时段,至于在该时段内,具体的天气状况如何,还得依靠登山时的天气预报和运动员们的观天经验。

以下是有利于登山的气象条件:
(1)峰顶附近的高空风速要小于18~20m/s;
(2)无降水或只有少量降水;
(3)气温不要低于-30℃;
(4)日照时间要长;
(5)通过的大本营应无积雪;能见度要好,无雷电或很少有雷电等。

图11-2表示如何躲避雷电的方法。

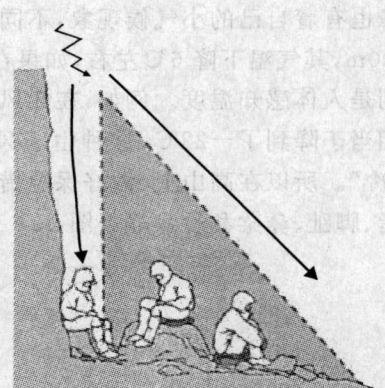

图11-2 如何躲避雷电

第二节 中国代表性山峰的最佳攀登季节

详见表11-1。

表 11-1　中国代表性山峰的最佳攀登季节表

山峰名称	攀登季节
珠穆朗玛峰(海拔 8 848.43m)	北侧:4 月下旬至 6 月上旬、9 月中旬至 10 月上旬为最佳时期
卓奥友峰(海拔 8 201m)	9 月~10 月,有 3~4 个好的天气周期,则利于登顶
乔戈里峰(海拔 8 611m)	5 月~6 月进山,7 月~9 月为最佳登顶时期
希夏邦马峰(海拔 8 012m)	4 月~5 月、9 月~11 月都是很好的攀登时期
加舒布鲁木Ⅰ峰(海拔 8 068m)	7 月~9 月为最佳攀登时期
加舒布鲁木Ⅱ峰(海拔 8 028m)	7 月~9 月为最佳攀登时期
马卡鲁峰(海拔 8 463m)	4 月下旬至 6 月上旬、9 月中旬至 10 月上旬为最佳时期
洛子峰(海拔 8 516m)	3 月~5 月、9 月~10 月末,气候较为稳定,为最佳攀登时期
布洛阿特峰(海拔 8 047m)	5 月~6 月进山,7 月~9 月为最佳登顶时期
宁金抗沙峰(海拔 7 206m)	4 月~5 月、9 月~10 月为最佳攀登时期
慕士塔格峰(海拔 7 546m)	6 月~8 月为最佳攀登时期
贡嘎峰(海拔 7 556m)	5 月~6 月为最佳攀登时期
库拉冈日峰(海拔 7 554m)	5 月~9 月为较佳攀登时期
念青唐古拉峰(海拔 7 162m)	5 月~9 月为较佳攀登时期
纳木那尼峰(海拔 7 694m)	5 月~6 月为最佳攀登时期
玉珠峰(海拔 6 178m)	6 月~9 月为最佳攀登季节
阿尼玛卿(海拔 6 282m)	6 月~8 月为最佳攀登季节
雀儿山(海拔 6 168m)	7 月~8 月、9 月~10 月都是最佳攀登时期
启孜峰(海拔 6 206m)	5 月~6 月、9 月~10 月都是很好的攀登时期,7 月~8 月是雨季
四姑娘幺妹峰(海拔 6 250m)	10 月~11 月为最佳攀登时期
半脊峰(海拔 5 430m)	7 月~10 月为最佳攀登时期
雪宝顶(海拔 5 588m)	7 月~8 月为最佳攀登时间
博格达峰(海拔 5 445m)	6 月~8 月为最佳攀登时间
四姑娘Ⅲ峰(海拔 5 355m)	4 月~11 月都是很好的攀登季节
三奥雪山(主峰海拔 5 285m)	4 月~11 月都是很好的攀登季节
哈巴雪山(海拔 5 396m)	4 月~5 月、9 月~10 月都是很好的攀登季节

第十二章

14座海拔8 000m以上山峰介绍

第一节 KAILAS和8264山峰收集——珠穆朗玛峰(海拔8 848.43m)

山峰名称:珠穆朗玛峰
山峰高度:8 848.43m
是否为未登峰:已登

1. 山峰介绍

珠穆朗玛峰(Chomolungma Mt. Everest),海拔8 848.43m,藏语"珠穆"是女神的之意,"朗玛"是第三的意思,因珠穆朗玛峰附近还有4座山峰,珠穆朗玛峰位居第三,"珠穆朗玛"意为"第三女神"。

珠穆朗玛峰位于东经86°54′、北纬27°54′,地处中尼边界东段,北坡在我国西藏境内,南坡在尼泊尔境内。整个山体呈巨型金字塔状,威武雄伟,昂首天外,四周地形极为险峻,气象瞬息万变。在山脊和峭壁之间,分布着数百条大小冰川,还有许多美丽而神奇的冰塔林,犹如广寒宫仙境。自18世纪开始,便陆续有一些国家的探险家、登山队,前往珠穆朗玛峰探测奥秘,但直到20世纪50年代以后,才有人从南坡登上峰顶。从1921年至1938年期间,珠穆朗玛峰北坡被称为"不可攀登的路线"、"死亡的路线"。清康熙五十六年(公元1717年),康熙皇帝派出两名懂技术的喇嘛,从青海西宁进入西藏踏勘地形,绘制山水图纸,首次用汉、满文标注了珠穆朗玛峰的位置(汉文为"朱母朗马阿林","阿林"满语为"大山"),明确其位于中国境内,并载于清《皇舆全览图》中,这是世界最高峰最早的文献记载,它比英国人在咸丰二年(1852年)测量此峰并擅自命名为"埃佛尔斯峰"早135年。

2. 攀登史

1953年5月29日,英国登山队的新西兰人埃德蒙·希拉里和印度籍夏尔巴人丹增·诺尔盖两人从南坡首次登上顶峰。

1960年5月25日,中国登山队的王富洲、贡布、屈银华从北坡首次登上顶峰。

3. 攀登路线资料

早在19世纪初叶,珠穆朗玛峰就成为世界登山家和科学家所向往的地方。然而直到1953年,才由英国人埃德蒙·希拉里、丹增·诺尔盖创下首登成功的纪录。到1998年底,全世界有1 054人享有登临世界巅峰的殊荣。他们通过自己的努力,发现和开创了11条登山路线,这些路线是:

(1)东南山脊路线:1952年由瑞士登山队发现,可惜功亏一篑,第二年才由英国队沿此线登顶成功。

(2)东北山脊路线:1960年由中国队开创并成功地登顶。

(3)西北脊转北壁路线:1963年由美国队开创并取得了成功。

(4)西南壁路线:1975年由英国博宁队首创并登上顶峰。

(5)西北脊路线:1979年由前南斯拉夫队发现并由此登顶。

(6)北壁直上路线:1980年由日本队首创并登上顶峰。

(7)南面柱状山脊路线:1980年由波兰队开辟并登上顶峰。

(8)东北山脊转北壁路线:1980年由意大利人梅斯纳尔独身一人首创并取得成功。

(9)西南壁转西北脊路线:1982年由前苏联队开创,并沿此线登上顶峰。

(10)东壁转东南山脊路线:1983年由美国旧金山湾区队首创并取得成功。

(11)东壁路线:1988年由美国—新西兰国际探险队开创并由此登顶。同年,中、日、尼三国联合登山队还创下从南、北两坡双跨并会师顶峰的壮举。人类攀登珠穆朗玛峰的英雄奇迹正不断涌现。

第二节　KAILAS和8264山峰收集——乔戈里峰（海拔8 611m）

山峰名称:乔戈里峰
山峰高度:海拔8 611m
是否为未登峰:已登

1. 山峰介绍

"乔戈里",塔吉克语,意为"高大雄伟"。乔戈里峰海拔8 611m,它是喀喇昆仑山脉的主峰,也是世界上第二高峰,国外又称K2峰。乔戈里峰位于东经76.5°、北纬35.9°,座落在喀喇昆仑山的中段,属中国的一侧,在新疆维吾尔自治区叶城县境内。喀喇昆仑山脉绵延数千千米,呈西北—东南走向,一般海拔在6 000m以上。山脉上高峰密集,包括乔戈里峰在内,这里紧密相连地排列着4座海拔

8 000m 以上的世界级著名高峰。乔戈里峰东侧为布洛阿特峰,海拔 8 051m;依次还有加舒尔布鲁木山,海拔 8 080m;加舒尔布鲁木 I 峰,海拔 8 028m。世界上 14 座海拔 8 000m 以上的高峰,在这里就占了近 1/3。其海拔在 7 000m 以上的高峰有 20 多座,如北侧的斯克洋坎力峰,海拔 7 545m;西侧的斯潘德峰,海拔 7 385m;往下还有皇冠峰,海拔 7 295m;等等。因此,这里就成了世界登山家们瞩目的第二个登山中心。乔戈里山峰主要有 6 条山脊,西北—东南山脊为喀喇昆仑山脉主脊线,同时也是中国、巴基斯坦的国境线。其他还有北山脊、西山脊、西北山脊、西南山脊等。山峰呈金字塔形,冰崖壁立,山势险峻。在陡峭的坡壁上布满了雪崩的溜槽痕迹。山峰顶部是一个由北向南微微升起的冰坡,面积较大。北侧如同刀削斧劈,平均坡度达 45°以上。从北侧大本营到顶峰,垂直高差竟达 4 700m,是世界上海拔 8 000m 以上高峰垂直高差最大的山峰。北侧的冰川叫乔戈里冰川,地形复杂多变。冰川表面破碎,明暗冰裂缝纵横交错。冰川西侧山谷为陡峭岩壁,滚石、冰崩、雪崩频繁。乔戈里峰两侧,就是长达 44km 的音苏盖提冰川。乔戈里峰地区不仅地形险恶,而且气候也十分恶劣。每年 5 月至 9 月,西南季风送来暖湿的气流,化雨而降,是本地区的雨季。9 月中旬以后至翌年 4 月中旬,强劲的西风凛冽而至,带来严酷的寒冬。峰顶的最低气温可达−50℃,最大风速可达 25m/s 以上,是登山的气候禁区。在 5 月~9 月间,由于升温融雪和降水,往往造成河谷水位猛涨,进山困难,因此,登山活动的最佳时机应安排在 5 月~6 月初进山,其时河水虽涨,但不太严重;7 月~9 月,山顶气温稍高,好天气持续时间较长,是登顶的好时间。

2. 攀登史

1954 年 7 月 31 日,意大利的两名登山运动员登顶成功。1902 年,英国登山队首次攀登乔戈里峰,以失败告终。在以后的 50 多年里,人类多次尝试也未成功。直到 1954 年 7 月 31 日,意大利登山队的日勒·拉切捷利和闷·康比奥氏两人,从巴基斯坦一侧沿东南山脊开创首次登顶的纪录,费时将近 100 天。1976 年和 1977 年,中国登山协会曾两次组队进入乔戈里峰北侧进行路线侦察。1982 年 8 月 4 日,日本山岳协会乔戈里峰登山队首次从北坡沿北山脊登顶。之后,又有意大利、日本横滨山岳协会登山队、美国登山队等,先后从中国一侧成功地征服了乔戈里峰。

3. 攀登路线资料

乔戈里峰进山路线是我国目前开放山峰中最长的路线。从南疆重镇叶城乘汽车沿新藏公路到麻扎,再沿简易公路行 25km 到达麻扎达拉。从这里开始步行 6 天,行程 90km 方能到达乔戈里峰登山大本营(海拔 3 924m 的音红滩)。这段路要翻过海拔 4 800m 的阿格勒达坂进入克勒青河谷,但要避免每年 7 月和 8 月克勒青河河水的暴涨,此时人畜均无法通过。

第三节　KAILAS 和 8264 山峰收集——干城章嘉
（海拔 8 586m）

山峰名称：干城章嘉
山峰高度：海拔 8 586m
是否为未登峰：已登

1. 山峰介绍

干城章嘉峰（Kang chenjunga），海拔 8 586m，在世界 14 座海拔 8 000m 以上的高峰中位居第三。它位于喜马拉雅山脉中段尼泊尔和锡金王国的边界上，其地理坐标为东经 88°9′01″、北纬 27°42′09″。

干城章嘉峰的名字有"雪神五项珍宝"之意。它的知名度虽然远不及只高它 200 多米的珠穆朗玛峰，但在世界第一高峰被确认之前，它曾被以为是世界最高峰。干城章嘉峰是一组巨大的群峰的主峰，它坐落在 3 座海拔超过 8 400m 的高峰中央，西侧有雅兰康峰（海拔 8 438m），东侧紧靠主峰的叫干城章嘉山峰（海拔 8 438m），最东边的叫达龙康日峰（海拔 8 476m）。其间形成众多的山谷冰川，使得山势更为险峻，冰崩、雪崩频繁发生。

由于其处于孟加拉湾暖湿气流控制区，降水量非常大，冰雪补给充足，东坡的热姆冰川长达 31 km，面积约 130km²，它的厚度达到 300m。西坡有雅鲁冰川，西北坡还有干城章嘉冰川和普鲁尔冰川。这些冰川流动快，冰裂缝较多。这组群峰，受地理位置影响，常常浓云密布，很难露出真面目。

这些不同的山脊坡面却又形成各自的冰川区域，山势险峻，冰崩、雪崩频繁，气候神秘莫测，特别是在攀登此座山峰时，从二号到三号营地是整个攀登干城章嘉峰最艰难的路段，常有较大高空风出现，营地间的距离长，积雪深度平均有 50cm 左右，冰坡坡度为 75°左右，在某些地段可达 85°以上，冰裂缝较多。

干城章嘉峰大本营一般设在海拔 4 870m 的贡布嘎那冰山。

2. 攀登历史

1955 年 5 月，英国登山队 4 名队员首次登上顶峰。1977 年，印度陆军远征登山队攀登干城章嘉峰成功，这是人类第二次登顶该峰。1992 年，世界上最伟大的女性登山家波兰人鲁特凯维茨（Wanda Rutkiewicz）在攀登干城章嘉峰时在 8 200m 处失踪。1995 年，瑞士人洛勒坦（Erthard Loretan）登顶该峰，他是世界上第三位完成此项壮举的登山家，同时他也是第二位无氧攀登所有 14 座 8 000m 级山峰的登山家。他以快速攀登闻名于世，他的格言就是：快速是我最大的保险。

"他还有一个最有趣的特点：在每次登山之前总要吃一顿"Fondue"（Fondue 是典型的瑞士饭，融化乳酪后加少许葡萄酒或白兰地，用切成块状的咸面包蘸着吃，为使乳酪始终保持融化状态，在盛着乳酪的容器下放着点燃的酒精灯。Fondue 有些像中国的火锅）。他的这一嗜好，等于是在为瑞士的饮食做世界性的广告。1998年，英国女登山家哈瑞森（Ginette Harrison）登顶此峰，成为第一位，也是目前唯一一位登上干城章嘉峰的女性，但她在 1999 年攀登她的第七座 8 000m 以上山峰——道拉吉利峰（Dhauligiri，海拔 8 167m）时遭雪崩遇难。

1998 年，"中国西藏 14 座海拔 8 000m 以上高峰探险队"登顶干城章嘉峰。

其中有几个值得一提的故事。1989 年，前苏联登山队完成了人类有史以来，恐怕也是独一无二的 8 000m 大纵走，一共 32 位攀登队员以及 17 位协作夏尔巴人，从不同路线攀登至棱线上建立营地，开拓出难以置信的新路线，缔造了纵走 4 座山峰，将近 100 人次登上海拔 8 000m 以上峰顶的纪录。毫无疑问这是伟大的壮举，且几乎是不会被重复的成就。

知名波兰女登山家 Wanda Rutkiewicz 死于 1992 年 5 月 12 日或 13 日，当时她与另一位登山家 Carlos Carsolio 结伴攀登。1992 年 5 月 12 日凌晨 3 点 30 分，他们两人从海拔 7 950m 的四号基地营出发，准备登顶，当天路线上大部分都积了一层深厚的雪，大约 12h 之后，Carlos 登上干城章嘉峰顶；当 Carlos 下山时，在大约海拔 8 200m 至 8 300m 之间，他遇到了还未登顶的 Wanda，Carlos Carsolio 劝她下山但无效，由于时间已晚，Wanda 决定紧急露宿，待第二天早上登顶后再下山；在没有食物、没有足够装备的状况下，这是一个极为大胆的决定。就这样，再也没有人见到这位人类有史以来最伟大的女登山家。而 Carlos Carsolio 在 1996 年成为第四位完成攀登 14 座 8 000m 以上山峰的登山家。

1995 年，法国登山家 Benoit Chamoux 的死亡，或许跟第三位完成攀登 14 座 8 000m 以上山峰的竞争有关。当年，在雨季过后，前来攀登此峰的有 Benoit Chamoux（宣称已完成 12 座，但只被承认 10 座）、瑞士的 Erthard Loretan（已完成 13 座）、意大利的 Sergio Martini（已完成 10 座）等知名登山家。Chamoux 与专属摄影师 Pierre Royer 以及 3 位夏尔巴人（负责背负摄影器材）一队，Erthard Loretan 与其搭档 Jean Troillet 一队，Martini 则是独攀。三支队伍同时离开基地营，但很快瑞士队与 Martini 就远远超前，抛下了法国队。

不幸的事开始发生在法国队身上，一位夏尔巴人因失去平衡摔落山下，另两位夏尔巴人要下去救援但被 Chamoux 与 Royer 拒绝，失望的夏尔巴人决定放弃工作，下山去了；于是 Chamoux 与 Royer 只好自行背负极重的摄影器材。而在前面领先的 3 个人，因错过了传统路线的转折处，因此，Martini 首先登上主峰与 Yalung Kang 的鞍部，他发现从棱线直接登主峰难度太高，在瑞士队到达之后，瑞士队于是决定冒险一试,而 Martini 则决定放弃此次攀登。Loretan 与 Troillet 在 5 月 10 日下午 2 点 30 分登上主峰顶,Loretan 完成了 14 座 8 000m 以上山峰的攀登,成为第三位完成此举之人。而 Sergio Martini 在 2000 年完成了 14 座 8 000m 以上山峰的攀登成为第七位完成此举之人。

5 月 10 日下午 4 点,瑞士队在下山途中遇到 Chamoux 与 Royer。4 点 30 分,Royer 用无线电通知基地营表示太过疲惫必须下山,而 Chamoux 则表示要独自继续攀登。当天,Chamoux 到达鞍部并露宿。第二天早上 8 点,Chamoux 还用无线电通知基地营,表示要继续攀登,但后来便再也没有人有 Chamoux 的消息,而掉头下山的 Royer 也同样失去了踪影。事发之后,夏尔巴人因为之前同伴之事,都不愿意上山搜索和救援。一般认为,Benoit Chamoux 是在缺乏适应与良好组织情况下,因逞强急着先于 Erthard Loretan 之前登顶,而最后丢了性命。

1998 年,英国人 Ginette Harrison 首登此峰,成为第一位也是目前唯一一位登上干城章嘉峰的女性。但 1999 年秋,当 Ginette 尝试她的第七座海拔 8 000m 以上高峰——道拉吉利峰(Dhauligiri,8 167m)攀登时,被一次无情的雪崩夺走了生命。

第四节 KAILAS 和 8264 山峰收集——洛子峰 (海拔 8 516m)

山峰名称:世界第四高峰——洛子峰(Lhotse)
山峰高度:海拔 8 516m
是否为未登峰:已登

1. 山峰介绍

洛子峰,海拔高度为 8 516m,是世界第四高峰。其位于东经 86.90°、北纬 27.9°。地处珠穆朗玛峰以南 3km 处,它们之间隔着一条山坳,即通常说的"南坳"。以山峰的北山脊与东南山脊为界,其东侧在中国西藏自治区境内,其西侧属尼泊尔王国。山势雄伟险峻,巨大的活动冰川、冰崩、雪崩频繁,特别是大本营至一号营地都是被千年的冰碛和巨大的冰川所覆盖,其地形错综复杂,路线长、冰坡坡度大以及有数不尽的巨大冰裂缝。同样三号、四号营地也是攀登洛子峰最艰难的路段,其雪崩频繁,常有较大的高空风,积雪深度约为 60~65cm,冰坡坡度为 75°,有些地段可达 85°以上。据了解,半个多世纪以来,约有 300 多名国外勇士不幸长眠于此峰上,因而地方百姓将此峰喻为"虎口"。

"洛子"是"南"的意思,因为它位于珠穆朗玛峰的南面。洛子峰·藏语称之为

"丁结协桑玛",意思是"青色美貌的仙女"。这位"仙女"地形极其险峻,环境异常复杂,大小冰川密布,气候变幻莫测,风速比珠穆朗玛峰略低,但雨量又大过珠穆朗玛峰。洛子峰有两个卫峰,其分别是洛子中峰(海拔8 414m)和 Lhotse Shar(海拔8 386m),旁边还有著名的 Nuptse 峰。

攀登季节:每年6月初至9月中旬,暴雨、雪崩频繁发生。11月中旬至翌年2月中旬,南下的西北风压过来,使山峰的气温最低可达-60℃。只有在每年的3月初至5月末的春季,或9月初至10月末的秋季,其气候较为稳定,约可出现几次较好的天气。

攀登路线:可参考进入珠穆朗玛峰的线路。从拉萨乘车沿中尼公路经江孜、日喀则至协格尔,总长670km,行程约两天,然后再经帕卓区沿简易公路南下,行车110km后就到达海拔5 145m的绒布冰川末端——绒布寺。

2. 攀登史

1956年5月18日,瑞士登山队的弗利莱姆·卢嘉·格尔姆和埃尔斯托姆·莱索姆两人,从尼泊尔沿西坡首次登顶成功。

迄今为止,洛子峰西壁上只有一条成功的攀登路线,那就是1956年5月18日首登时的路线。由 A. Eggler 率领的瑞士队首先沿珠穆朗玛峰路线攀登到7 800m,然后转向狭窄的冰雪槽路线,最终 F. Luchsinger 和 E. Reiss 在5月18日登上了顶峰。除了传统的"瑞士路线",还有两条路线可以登顶洛子峰,但均位于其南壁。此外还有3条路线可以登顶 Lhotse Shar 和洛子中央峰,位于西藏境内的洛子峰东壁至今无人登顶。

第五节 KAILAS 和 8264 山峰收集——马卡鲁山(海拔8 463m)

山峰名称:马卡鲁山
山峰高度:海拔8 463m
是否为未登峰:已登

1. 山峰介绍

马卡鲁山海拔8 463m,是世界上排名第五位的高峰。其位于东经87.1°、北纬27.9°,地处喜马拉雅山脉中段,位于珠穆朗玛峰东南方向24km处,以西北山脊和东南山脊为界,其北侧在中国西藏自治区境内,南侧属尼泊尔王国。马卡鲁山有5条主要山脊,分别为西北山脊、西南山脊、东北山脊、东南山脊和北山脊。北山脊上的卫峰名叫珠穆隆索峰,海拔高度为7 816m。西北山脊的卫峰为马卡鲁Ⅱ峰,海拔为7 640m。东南山脊的卫峰稍高,海拔为8 010m。这些峰体上都覆盖着厚厚的冰雪,坡谷中分布着巨大的冰川,冰川上多锯齿型的陡崖和裂缝,冰崩、雪崩也十分频繁。

2. 攀登史

1954年,法国登山队有2人登上了海拔7 640m的马卡鲁Ⅱ峰(1980年又有1人登上此峰)。1970年,日本登山队有2人登上了海拔8 010m的东南工峰。1955年5月,法国登山队摩西捷列、基坦克等9人,首次沿尼泊尔境内的巴康冰川越过西北山脊鞍部,在中国境内的西北坡登上了顶峰。

3. 攀登路线资料

从拉萨乘车沿中尼公路经江孜、日喀则至协格尔,行程670km,需时两天。再往西转南经白巴、帕卓、卡达至尤帕乡,行程约120km。可换乘耗牛南下,沿甘马藏布河(朋曲河支流)河谷到达沙基塘登山大本营,行程约60km。这里是马卡鲁山的东北山麓,海拔为3 600m,营地较为开阔,水源也较充足。

第六节 KAILAS和8264山峰收集——卓奥友峰 (海拔8 201m)

山峰名称:卓奥友峰
山峰高度:海拔8 201m
是否为未登峰:已登

1. 山峰介绍

卓奥友峰亦谓"乔乌雅峰",海拔8 201m,是世界排名第六位的高峰。其位于东经86.6°、北纬28°的中尼边界上,山峰以东北山脊和西南山脊为界,北侧在中国西藏自治区定日县境内,南侧属尼泊尔王国。"卓奥友",藏语意为"首席尊师"。它以其魁伟的雄姿屹立在喜马拉雅山脉的中部,东距世界之巅珠穆朗玛峰的直线距离为100km。卓奥友峰主要有西北、东北、西南、东南和西山5条山脊,峰体被常年积雪和无数条冰川所覆盖。北侧的加布拉冰川长约10km,南侧的兰巴冰川长14km,而格重巴冰川长约20km。冰川类型以山谷冰川为主,其次为平顶冰川、冰斗冰川等。卓奥友峰地区的气候与珠穆朗玛峰大体相似,每年10月至翌年3月为风季,风速一般为50m/s,气温常在-30℃~-40℃之间。每年6月~9月是雨季,只有在4月底至5月末,或9月~10月这段时间,因其此时处于风季过渡到雨季的时节,或雨季过渡到风季的间隙时期,才有3~4次,且每次持续2~5天的好天气,这时便是进行登山活动的好时期。

2. 攀登史

1954年10月19日,奥地利登山队4人首次沿西北坡登上卓奥友峰顶峰。

3. 攀登路线资料

首先从拉萨沿南藏公路南行,经日喀则和拉孜,到达定日,行程718km,再沿简易公路南下约40km,就可到达卓奥友峰北麓,并直抵加布拉冰川末端的登山大本营。这里海拔4 959m,地形开阔、避风,且水源充足。

第七节 KAILAS 和 8264 山峰收集——道拉吉里（海拔 8 167m）

图片来源:climb.8264.com

1. 山峰介绍

世界第七高峰道拉吉里海拔8 167m,位于喜马拉雅山脉中段尼泊尔境内,东经83°29′、北纬28°41′,因山势险恶,使人望而生畏,故有"魔鬼峰"之称。它东距珠穆朗玛峰约300km,这座山是喜马拉雅山真正的宝石。因为它是最难以到达的山峰之一,即使现在,道拉吉里的"神秘谷"环山徒步穿越路线,也是一条高海拔的艰难之路。当卓奥友被众人吹捧为8 000m最容易山峰时,而道拉吉里峰由于商业队伍极少涉足,反之对登山好手们保留着诱惑和纯洁——只有那些经验丰富的老手才敢攀登。道拉吉里,被称为"白山",梵语直译为"达哈瓦拉·吉里",它有着喜马拉雅山系中更经典的技术风格线路,其巨大的山体绵延50km,有4个独立的海拔7 500m以上的峰顶。

2. 攀登史

从1950年到1959年的几次攀登活动,分别由法国、瑞士、奥地利和阿根廷人完成,但所有这些在其北壁的攀登尝试都以失败而告终。1960年,奥地利的科特·戴姆博格、夏尔巴人尼玛·多吉等5人登顶。道峰的南壁宛如一座金字塔,塔的前方是一个延伸的假峰,被称为"小艾格尔北壁"——多数攀登者都称之为是不可攀登的路线。雪崩、雷电、岩石线路是此山的特点,攀登高度为3 000m。

(图片来源:climb.8264.com)

梅斯纳尔说:"对于任何一座8 000m,登顶与否不是最重要的,重要的是应有新的探索。道峰南壁是世界上最高的、未被攀过的雪岩混合线路,峰顶宛如城堡,高耸在'生命禁区'之中,空气清新然而缺氧。在尼泊尔那一片黑色的、微光闪烁的群山中,道拉吉里兀然突起。"

1985年,梅斯纳尔又来到道峰南壁。这一次,他是和老搭档汉斯·卡默兰德一起来的,这一对意大利台若林人刚登顶完安纳普尔纳。

之前,梅斯纳尔曾在南壁有过两次失败的攀登。南壁的危险和难度不同寻常,雪崩几乎每天都有,巨大内凹的南壁在20世纪80年代尚无人企及。梅斯纳尔回忆说:"空气并非静止,山体也不是巍然不动,坏天气经常突袭而来,风时速竟达200km。旗云有时达几千米长。在黄昏,顶峰的飞雪在夕阳的映照下如火山喷发,一片火红……道拉吉里峰十分像一座火山,1977年厮守的那四周之中,它带给我的就是狂暴。当我们在南壁挣扎时,无数次的雪崩迫使我们学会把恐惧作为日常生活的一部分。"

这次,梅斯纳尔和卡默兰德从加利·甘达奇谷出发,跨过法国山口到达北壁大本营。5月13日,进入东北山脊冰瀑区,他们一直在山脊右侧攀登,寻找冰岩分界线。为了确保安全,他们架设了局部固定路绳,以供下降使用,因为线路上垂直崖壁太多了。5月14日,他们从6 000m营地出发,下午就上升转到东南线的7 300m营地。

5月15日的冲顶,对梅斯纳尔来说甚至都是一个传奇:顶峰雷电频繁而怪异,冰镐和冰爪都在滋滋作响,头发也竖起来了,从衣袖到手套,从石头到冰镐,从山脊到天空,到处都是电,他们的身上到处都冒电火花。幸运的是,没有遭遇到暴雷的袭击,在这高空怪异的云层里,任何时候都有死亡的可能。两个攀登者在一片恐怖中登顶了,他们惊奇地发现自己还活着。梅斯纳尔说:"我们自己有一种刀枪不入的感觉。除了雷电,我不知道世界上还存在其他什么东西。在道拉吉里,我听见了雷鸣和雷震,我看到了南部的闪电。然而,在我们旁边,却没有闪电。一切场景,宛如印度恶神的恐怖戏剧。"

当天,他们返回7 300m。5月16日,返回大本营。

这是一次经典的阿尔卑斯式攀登,虽然有人质疑他们的固定路绳损害了纯粹的风格,但梅斯纳尔依然认为"不能用死亡作为登顶的代价"。从大本营出发往返4天,这已经是后来者难以重复的奇迹。

梅斯纳尔的脾气是傲慢自大的,但他的成绩也是显然的。

第八节　KAILAS 和 8264 山峰收集——
马纳斯鲁峰（海拔 8 156m）

1. 山峰介绍

马纳斯鲁峰，海拔 8 156m，位于喜马拉雅山脉中段尼泊尔境内，东经 84°33′、北纬 28°33′。

2. 攀登史

1956 年 5 月 9 日，日本登山队的 2 名队员和尼泊尔向导共 4 人登顶成功。

1996 年 4 月至 5 月，中国西藏攀登队赴尼泊尔攀登世界第八高峰——马纳斯鲁峰（海拔 8 156m），登顶成功。

第九节　KAILAS 和 8264 山峰收集——
南迦帕尔巴特峰（海拔 8 125m）

1. 山峰介绍

南迦帕尔巴特峰，海拔 8 125m，在世界 14 座海拔 8 000m 以上高峰中位居第九。它位于喜马拉雅山脉西段巴基斯坦境内，其地理坐标为东经 74°23′、北纬 35°14′。南迦帕尔巴特峰的名字起源于梵语"Nanga Parvata"，意为"裸露的山峰"，克什米尔人称之为"山中之王"，其实指的是该峰西部的侧脊。很多人相信，相对于所有的高峰而言，南迦帕尔巴特是最美的，抒情诗人对它的描绘更是令人神往。然而在登山界它却被称之为"杀人的山"，它展现给世人的是一幕幕残酷的攀登史。

2. 攀登史

这座山第一次进入西方人视野是在 1853 年，由英国探险家、画家 G·T Vigne 在克什米尔探险时发现。1856 年，有 3 位来自德国的兄弟，慕名来到这座山的脚下。1887 年，一位叫 Neve 的医生也来过，Neve 几乎是第一个见到该峰侧脊的西方人，他断定那是世界上最高的峭壁。在以后的几年中，南迦帕尔巴特峰被多次地拍照和素描，一个不争的事实是，同其他山相比，它的山体从各个方向都相对较容易接近。

1950 年 11 月，3 位年轻的不列颠人与 4 个夏尔巴人（其中包括丹增）来到南迦帕尔巴特峰，他们的装备很简单，但冒险与冲顶的欲望却很高。在没有听取丹增和其他夏尔巴人建议的情况下，3 个不列颠人沿 Pakhiot 冰川行进，其中 1 人由于冻伤而撤了下去，另两个人则继续攀登，曾有人于 12 月 1 日那天在海拔 5 500m 处看到他俩,但一场暴风雪后,就再也没有见到他们的踪影。

两年后,德国人 Karl 博士决定攀登南迦帕尔巴特峰,以纪念他哥哥——登山英雄 Mekkl。于是,他组建了一支强大的队伍,由经验丰富的 Peter 担任队长,攀登队员为 4 名德国队员和两名奥地利队员,这是一支德奥联合登山队。攀登过程是曲折而艰辛的,1952 年 7 月 3 日,队员中的 Hermarr Buhl 从位于海拔 6 700m 的 C5 出发,攀登了 16 个半小时,于当晚 7 点登顶南迦帕尔巴特峰。Buhl 此次攀登实现了人类第一次登顶世界第九高峰南迦帕尔巴特峰的壮举,他为此也失去了右脚的两个脚趾。

1997 年 5 月,中国西藏 14 座 8 000m 以上高峰探险队前往巴基斯坦,准备攀登南迦帕尔巴特峰。从攀登队长和队员那里我们了解到,5 月的南迦帕尔巴特峰山区气候变化莫测,雪崩频繁,从 C1 到 C2 的攀登距离最长,平均坡度为 60°,某些地段的岩石坡坡度甚至达到 80°以上,其中最陡的路段为接近 C1 的高达 200m 的垂直岩壁,且同时又伴有深达 1m 的降雪。经过 7 天的奋力拼搏,于 6 月 15 日凌晨 5 时,A、B 两组同时从海拔 7 480m 的 C4 出发,向顶峰突击,经过 9 个多小时攀登,队员仁那、边巴扎西、加布率先登顶,当时是北京时间 14 时 15 分,15min 后,队员次仁多吉、阿克布、洛则、旺加、达穷也成功登顶。队员们在顶峰停留了 70min,进行拍照和摄像,并采集了岩石标本。

第十节　KAILAS 和 8264 山峰收集——安纳普尔那峰(海拔 8 091m)

1. 山峰介绍

安纳普尔那峰(Annapurna aka Morshiadi),海拔 8 091m。位于喜马拉雅山脉中段尼泊尔王国境内的安纳普尔那断层,东经 83°49′20″、北纬 28°35′45″。它是世界第十高峰。

安纳普尔那峰的主要山峰有:安纳普尔那Ⅰ峰(AnnapurnaⅠ,海拔 8 091m)、安纳普尔那Ⅱ峰(AnnapurnaⅡ,海拔 7 937m)、安纳普尔那Ⅲ峰(AnnapurnaⅢ,海拔 7 555m)、安纳普尔那Ⅳ峰(AnnapurnaⅣ,海拔 7 525m)、刚嘎普尔那峰(Gangapurna,海拔 7 455m)、安纳普尔那南峰(Annapurna South,海拔 7 219m)。

2. 攀登史

1950 年 6 月 3 日,法国登山队的 M·埃尔佐(Maurice Herzog)和 L·拉什纳尔(Louis Lachenal)两人首次登上顶峰(北壁路线),这也是人类首次登上海拔 8 000m 以上高峰的顶峰。

1970 年,克瑞斯·勃宁顿(Chris Bonington)领队,首次从南壁路线登上顶峰。

1978年10月,依伦·米勒(Irene Miller)、维拉·寇玛克娃(Vira Komarkova)两位美国女性,从北壁路线登上顶峰。

1988年5月,一支以法国人为主的、庞大的登山探险队,从勃宁顿路线登顶。

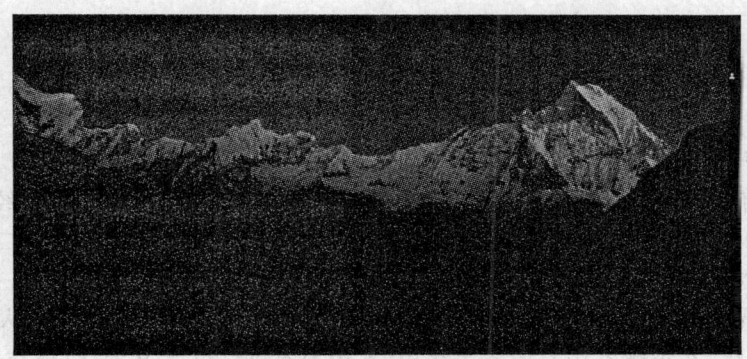

落日下的安纳普尔那

安纳普尔那环视

从玛纳斯鲁峰看安纳普尔那

第十一节　KAILAS 和 8264 山峰收集——
加舒布鲁姆 I 峰（海拔 8 068m）

山峰名称：加舒布鲁姆 I 峰
山峰高度：海拔 8 068m
是否为未登峰：已登

1. 山峰介绍

加舒布鲁姆 I 峰，海拔 8 068m，位于喀喇昆仑山脉的主脊线上，东经 76°42′、北纬 35°42′，它在乔戈里峰东南方向约 21km 处，是喀喇昆仑山脉的第二高峰，也是中国和克什米尔（巴基斯坦实际控制区）的界峰。由于峰体终年积雪，在阳光的照射下银光闪烁，因而"加舒布鲁姆"意为"闪光的山峰"。该峰山体高大，山谷陡峭，气势巍峨，东坡峡谷中有两条大冰川，冰川上有许多又大又深、纵横交错的明暗冰裂缝，令人触目惊心，不仅地形险恶，而且气候也十分恶劣。每年 5 月至 9 月，西南季风送来暖湿的气流，化雨而降，是本地区的雨季。9 月中旬以后至翌年 4 月中旬，强劲的西风凛冽而至，带来了严酷的寒冬。峰顶的最低气温可达−50℃，最大风速可达 25m/s 以上，是登山的气候禁区。在 5 月至 9 月间，由于升温融雪和降水，往往造成河谷水位猛涨。因此，登山活动的最佳时机应安排在 5 月至 6 月初进山，其时河水虽涨，但不太严重；7 月至 9 月，山顶气温稍高，好天气持续时间较长，是登顶的好时期。

2. 攀登史

1958 年 7 月 5 日，美国登山队的两名运动员登顶成功。

第十二节　KAILAS 和 8264 山峰收集——
布洛阿特峰（海拔 8 051m）

山峰名称：布洛阿特峰
山峰高度：海拔 8 051m
是否为未登峰：已登

1. 山峰介绍

布洛阿特峰位于乔戈里峰东南方约 12km 处，东经 76°36′、北纬 35°48′，山势雄伟，常年被冰雪所覆盖，它有三条主山脊：北山脊、南山脊和西南山脊，其中北山脊和南山脊为喀喇昆仑山脉的主脊线，也是中国与巴基斯坦的国界线。

在这两条山脊上,还耸立着另外两座高峰,分别是中央峰(8 016m)和北峰(7 538m)。因这三座高峰挺拔突兀,直刺蓝天,故当地人称之为"佛洛青日岗",意为"三尖山",而"布洛阿特",则取自于1892年来此探险的一个美国探险家的名字。乔戈里峰东南12km处是布洛阿特峰,海拔8 051m,布洛阿特峰是喀喇昆仑山的第三高峰,也是世界上名列第十二位的高峰。布洛阿特峰山势巍峨,常年覆盖着冰雪。

2. 攀登史

1957年7月9日,奥地利两位登山家登顶成功。早在1902年到1954年,英国、瑞士、意大利等国家的登山队在布洛阿特峰地区已开展了登山活动,但直到1957年,奥地利的舒来克、布里、金别尔格尔、文别尔斯奇4人才于6月9日登上顶峰。由于山峰的东坡陡峭壁立,攀登上顶峰尤其艰难,所以至今尚未有人由东坡成功地登上极顶。

第十三节　KAILAS 和 8264 山峰收集——加舒布鲁姆 II 峰(海拔 8 034m)

山峰名称:加舒布鲁姆 II 峰
山峰高度:海拔 8 034m
是否为未登峰:已登

1. 山峰介绍

加舒布鲁姆 II 峰,海拔 8 034m,位于东经 76.7°、北纬 35°,坐落在喀喇昆仑山脉的主脊线上。它是喀喇昆仑山脉的第四高峰,也是世界上名列第十三位的高峰。它距乔戈里峰东南方向直线距离约为 21km,是中国和克什米尔地区(巴基斯坦实际控制区)的界峰。加舒布鲁姆 II 峰主要有 4 条山脊:西北山脊、东南山脊、东山脊、西南山脊。西北山脊和东山脊是喀喇昆仑山脉主脊线的一部分,其北侧在中国境内。加舒布鲁姆山峰沟谷陡峭,峰顶直插云霄,陡峭的坡壁上冰雪覆盖,在北侧地形尤为陡峭复杂,雪崩频繁,攀登极为困难,加舒布鲁姆山地区的气候与乔戈里峰地区相似。

2. 攀登史

1956年7月7日,奥地利的3名登山队员,首次从西南山脊登顶成功,但至今尚未有人从中国一侧(北侧)登上顶峰。

第十四节 KAILAS 和 8264 山峰收集——希夏邦马峰(海拔 8 012m)

山峰名称:希夏邦马峰
山峰高度:海拔 8 012m
是否为未登峰:已登

1. 山峰介绍

希夏邦马峰海拔 8 012m,是世界上 14 座海拔 8 000m 级高峰中的最后一座,也是唯一一座完全在中国境内的海拔 8 000m 级山峰。它坐落在喜马拉雅山脉中段,位于主脊线偏北 10km、呈东南—西北走向的枯岗日山脉的东南部。其位于东经 85.7°、北纬 28.3°。地处西藏聂拉木县境内,东南距珠穆朗玛峰 120km,其东面是海拔 7 703m 的摩拉门青峰,西北面是 7 292m 的岗彭庆峰。"希夏邦马"藏语意为"气候严酷",然而,虔诚的藏族人民称它为吉祥的神山。希夏邦马峰由 3 座高程相近的姐妹峰组成,在主峰西北 200m 和 400m 处,分别有海拔为 8 008m、7 966m 的两个峰尖。这里是喜马拉雅山脉现代冰川作用的中心之一,整个枯岗日山脉,冰川和永久积雪面积达 6 000km²,主要集中于希夏邦马峰周围。北坡横对着 13.5km 长的野博康加勒冰川,与它平行的是达曲冰川。北山脊以东是格牙冰川,南坡有 16km 长的富曲冰川,其末端一直降到海拔 4 550m 的灌木林带。最引人入胜的是海拔 5 000～5 800m 之间的冰塔区,长达几千米,景象形态甚是奇异,宛若活生生的"冰晶园林"。但其上布满了纵横交错的冰雪裂缝,再加上时而发生的冰崩、雪崩,给登山者造成了种种困难。希夏邦马峰的气候特征大体上与珠穆朗玛峰相似。其每年 6 月初至 9 月中旬为雨季,强烈的东南季风造成暴雨频繁、云雾弥漫、冰雪肆虐无常的恶劣气候。11 月中旬至翌年 2 月中旬,因受强劲和西北寒流控制,气温可达 -60℃,平均气温在 -40～-50℃之间,最大风速可达 90m/s。每年 3 月初至 5 月末,是由风季过渡到雨季的春季,而 9 月初至 10 月末是由雨季过渡到风季的秋季。希夏邦马峰每年的 4 月～5 月、10 月～11 月,在此期间内,连续 2 天以上的好天气一般可能出现 2～3 天,连续 3 天以上的好天气一般可能出现 1～2 天,其相隔时间大约 5～19 天,是登山活动的好时期。

2. 攀登史

1964 年 5 月 2 日,中国登山队 10 人首次登上希夏邦马峰顶峰。1981 年 5 月,新西兰高山俱乐部 9 人,分三批登上了希夏邦马峰的东卫峰——海拔 7 703m 的摩拉门青峰。1982 年 4 月,日本京都大学登山队 11 人,登上了希夏邦马峰西北方向

第十二章　14座海拔8000m以上山峰介绍

海拔7292m的岗彭庆峰。

3. 攀登路线资料

从拉萨乘车沿中尼公路，经过江孜、日喀则，到达协格尔，行程670km。再西行经定日门哈墩约138km，继续西行50km后南下，沿简易公路行20km即可到达希夏邦马北麓，其野博康加勒冰川北侧终碛垅便是海拔5114m的登山大本营。

第十三章

适于群众性登山的山峰介绍

第一节 冰川之父——慕士塔格

慕士塔格山,海拔 7 509m,位于东经 75.1°、北纬 38.5°,在新疆阿克陶县与塔什库尔干的交界线上,属西昆仑山脉,与公格尔峰,公格尔九别峰并称东帕米尔高原三高峰。山峰西边坡势平缓,北边和东边却十分险峻。

慕士塔格山峰,山体浑圆,状似馒头,常年积雪,雪线约海拔 5 200m,冰山地貌发育 10 余条冰川,其中最大的栖力冰川和克麻土勒冰川将山体横切为两半,冰川末端到达海拔 4 300m。

该峰主要有 4 条山脊:南山脊、西山脊、西北山脊、东北山脊,西坡坡势平缓,但多裂缝,北坡和东坡均十分险峻。从山脚的卡拉库里湖边看去,该峰就像是白发苍苍的老人,当地人称之为"慕士塔格阿塔","慕士塔格"意为"冰山","阿塔"意为"父亲"。

慕士塔格是世界上最高的能滑雪的山,平缓的西坡是滑雪的好场所,每年吸引了大量欧洲的登山滑雪者,在欧洲的登山滑雪者眼中是滑雪胜地。在海拔 7 500m 左右地区,平均气温在 -20℃,最低可达 -30℃,最大风力 9~11 级,通常风力在 7 级左右。天气频繁变化是这一地区的一大特点,即使在夏日,山上也可能风雪交加,气温可下降到 -20℃。通常登山活动一般安排在 6 月~8 月为宜。

第二节 雄鹰飞不过的山峰——雀儿山

1. 基本概况

美丽的雀儿山,在四川的甘孜藏族自治州德格县境内,藏语叫"绒麦俄扎",意思是"雄鹰飞不过的山峰"。它在青藏高原的东南沙鲁里山脉的北段,最高海拔达到了 6 168m,地理坐标为东经 99.1°、北纬 31.8°。该山体石峰嶙峋,山脊呈锯齿状。南坡异常壁陡,基岩裸露,北坡终年积雪,难以攀登。

雀儿山是我国冰川较为发达的山地,共有大小冰川 30 余条,面积 80km²,仅次于贡嘎山。沙鲁里山系是金沙江和雅砻江的天然分水岭。在分水山脊上出现不少山间盆地,冰水湖四处可见。雀儿山横卧于四川西部高原的沙鲁里山系,其主要山脉有格聂山、雀儿山、海子山等。

其主峰的西北麓是冰川湖新路海,海拔4 100m。在其前端横卧着两条高达200m、长3 000m的侧渍堤和终渍城,高出湖面10～15m,是北坡硬槽沟古冰川作用的遗迹。丘状的高原面上是呈块状分布的云杉和园柏。森林草原中栖息着黑熊、白唇鹿、雪豹、岩羊等20多种动物。

雀儿山山势挺拔,屹立于周围10座海拔5 500m的群峰之间。雀儿山主峰有西北、东北两条山脊。在西北的山脊上,距主峰3km处是雀儿山的卫峰,海拔6 169m,与主峰遥遥相望,冰雪皑皑,巍峨雄壮。雀儿山的主峰形体高大、地形复杂,山峰的北坡和东南坡谷中横卧着两条大型的冰川,冰川的舌部一直延伸到海拔4 500m的森林的边缘。

2. 特点

其气候复杂,属于青藏高原气候类型,长冬无夏,冬天、夏天与秋天紧接。空气干燥。年平均降水量约600mm,多集中在6月、7月、8月,年平均气温6.5℃,最低气温－20.7℃,最高气温为31.2℃。登山的时间一般在每年的4月、5月、6月或是9月、10月较好。

攀登雀儿山需要用到的攀登技术有简单的攀岩技术、熟练的攀冰技术,因还要跨越雪地冰川,所以需要的技术难度较高。因此,队伍不要过大,因通过技术路段的时间较长,会浪费很多的时间。建议规模为6人的队伍比较合适。

3. 攀登路线

雀儿山的攀登路线较少,自1988年9月24日、25日由中国地质大学和日本神户大学联合登山队10人从北坡登顶以来,其后这条路线基本为登顶的路线。

雀儿山气候复杂,各种地形密集,尤其是C3到达峰顶的这一段路,其大大小小的冰裂缝分布在攀登的路线上,且积雪很深,山梁连绵起伏,还经常出现冰壁、冰沟和悬崖。此外,因路线靠近新路海,所以一路上风光无限,雪山连绵,令人心旷神怡,宛如是世外桃源。

其具体的攀登路线如下:海拔4 000m的大本营BC→碎石坡→峡谷→4m高的岩壁→草甸→雪线→1号营地C1→高100m、坡度为55°～60°的大陡坡→2号营地C2→20m高、坡度为45°的山梁→3号营地C3(冲顶营地)→雪坡→山脊→坡度85°、高约8～10m的冰壁→有技术难度的山脊→山脊→顶峰(海拔6 168m)。

第三节 冰清玉洁的姐妹——四姑娘山

1. 山峰介绍

四姑娘山位于四川省阿坝州小金县与汶川县交界处,距成都市235km,由4座连绵不断的山峰组成,它们从北到南,幺姑娘、三姑娘、二姑娘到大姑娘在3.5km范围内一字排开,其海拔高度分别为6 250m、5 355m、5 276m、5 025m,其中幺姑娘山峰是邛崃山脉的最高峰,也是阿坝州第一高峰。这4座山峰长年冰雪覆盖,如同姿容俏丽的4位少女亭亭玉立于长坪沟和海子沟两道银河上。四姑娘山中以幺姑娘身材最为苗条,姿容最为俊秀,与"蜀山之王"贡嘎山(海拔7 556m)遥遥相对,素有"蜀山之后"、"东方阿尔卑斯山"之称。这里终年积雪,冰清玉洁,根连地厚,峰插天高,白云浮玉,光摇烟霞,山麓下有约5 000m²的草坪,草坪上百花点点,是登山探险的理想场所。

2. 与此主题相关的资料

这次要攀登的是四姑娘山二峰,其实际海拔高度是5 276m,形状酷似珠穆朗玛峰,难度不高,是初级登山的理想场所。二峰是一座适合初级登山爱好者攀登的山峰,但这并不意味着可以轻视它的难度,且更需要时刻注意安全。沿途有三处危险路段需特别小心,峰顶我们将铺设路绳,另两处将视情况尽量给予辅助安全保障。

(1)二峰登顶中的详细路况:登山过程中有三段路线从安全考虑应根据不同的天气、路面情况、队员水平架设路绳,其三段路线是:

①山脊垭口下100m路段,这是一个顺右侧山体走的一个转向90°的大斜坡硬雪或结冰的路段,很容易产生滑动。另外,因为路线转向时,上方队员就在下方队员的斜上方,在岩石容易松动的季节,存在滚石击中队员的危险因素。

②垭口上50~100m路段,是整块岩石交错的地带,岩石平均高6~7m,坡度约70°~80°,其很光滑,直接上攀太费力,且由于雪大看不出路线的好坏,只有绕着岩石走,在跨越岩石时,有部分路段应贴着山脊走,因其最近的地方离悬崖仅1m,而且脚下如果是结冰或者是硬雪时,很容易滑下山脊,比较危险。

③冲顶(铺路绳)的路段,当我们上去时感觉不是很危险,下来时由于雪已被踩过,且被压实在岩石上,脚下的路面很滑,容易滑下山脊,此时我们可能需要打80m长的路绳,起保护作用。所以在遭遇结冰、薄雪、大风天气时应特别注意安全。在垭口和顶峰休息停留的时候,一定要注意安全,因垭口那地方很窄,只有约3m长、1m宽。顶峰也就只有2~3m²大。这些地方都是如果摔下去连人都看不到的地方,因此,应特别注意。另外,在这里进行较长时间休息时要穿上羽绒服。

(2)活动内容：

①欣赏四姑娘山美景、海子沟风光和藏区风情，以及在雪山上过新年。

②进行登山技术训练。训练项目有：了解登山、认识登山、登山装备、基本冰雪技术、绳结技术、实用安全技术。

③初级雪山攀登，与雪山亲密接触，体验站在雪山之巅时的豪迈之情。

④结交山友，并一同感受登山的激情、痛苦与快乐。

(3)行程安排：

D1：成都→都江堰→卧龙→巴朗山→日隆。早上 6:30 从成都出发，经过都江堰→卧龙→巴朗山，约下午 4 点抵达日隆(海拔 3 200m)。安顿住宿(三嫂家)后，开会讲解登山知识及注意事项。晚上逛日隆镇，注意不可喝酒，当晚需早休息。

D2：日隆→二峰营地。早餐后 8:00 出发，进入海子沟，装备交马帮运输，沿途经过锅庄坪、打尖包，观高山草甸、海拔 6 250m 的四姑娘山全景，逐渐接近雪山(因路程较长，需保存体力，冲顶者可自费骑马到 BC，马匹费在 180 元以内)。

徒步约 6~8h 后抵达大峰大本营(BC，海拔 4 200m)，扎营，进行攀登技术训练，认识山峰情况及装备、器材使用方法，如绳结("8"字结、布林结、单渔人结、双渔人结等)，雪坡行走及其制动方法。17:00 吃饭后早休息。

D3：BC 营地→冲顶→BC 营地→日隆。早上 4:30 起床，6:00 出发冲顶。一般 4h 可登顶，14:00 前不能登顶者必须下撤。下撤到 BC 营地后，在 15:00 之前全部撤营回日隆(19:00 前全部撤完，请根据个人体力情况是否考虑骑马下山)，喝庆功酒。

D4：从日隆返回成都。

(4)公用物资：

①普通装备：高压锅、平锅、气罐、炉具、对讲机、地图、闹钟、电池、案板、刀具、垃圾袋、纸杯、筷子、一次性碗具、抽纸、橡胶手套等。

②登山装备：路绳 100m、岩钉、扁带、铁锁、快挂、辅绳若干，其他备用应急装备(岩钉、冰爪、上升器、下降器、安全带等)。

③早餐食品：馒头、大饼、鸡蛋、牛奶、咖啡、燕麦片、果酱、香辣酱等。

④晚餐食品：老鸭汤锅、香油火锅、番茄蛋汤、铁板香肠、火腿肠、苹果、白菜沙拉、果珍、方便面。

⑤应急药品：消炎类(头孢三代)；肠胃类(黄连素、氟哌酸)；感冒类(VC 银翘片、感冒灵、板兰根、银柴冲剂、速效伤风胶囊)；跌打类(云南白药、红花油、麝香虎骨膏、创可贴)；应急类(氧气瓶、芬必得、头疼粉、肌甘片、高山急救药、碘酒、纱布、绷带、夹板、体温计)。其他药品请根据个人情况自备。

第四节 岷山最高峰——雪宝顶

雪宝顶,海拔 5 588m。位于东经 103.8°、北纬 32.7°。其坐落在南北延伸的岷山南段,是岷山的最高峰。地处四川省阿坝藏族自治州松潘县境内。

雪宝顶雪线海拔高度约 4 700m,山峰主体由石炭纪的石灰岩构成。海拔 4 500m 左右为高山草甸地带,海拔 4 000m 以下则是茂密的原始森林和灌木林。山区盛产雪莲、贝母等名贵中药材,森林中还是大熊猫、金丝猴的活动场所。雪宝顶雪山风光壮丽、秀美,是当地藏族人民的神山。这里高山湖泊众多,以其东南的圆海、西南的方海、西北的半圆海、东北的三角海最受人称道,且各具情趣。山峰北侧就是黄龙游览区,纵长 7.5km、宽 1.5km,自然景观尤具特色,被誉为"人间瑶池"。

雪宝顶主峰为众多高峰簇拥,其主峰西南有卫峰玉簪峰,海拔 5 119m;主峰东南矗立着海拔 5 359m 的四根香峰和 5 440m 的小雪宝顶峰。雪宝顶海拔 5 000m 以下地带主要是岩石,海拔 4 200~5 100m 的山体风化严重,为滚石塌方地段,在海拔 5 000m 的山脊上有一处深 15m 的对立岩壁——骆驼背,是通往顶峰的险关。往上,与四根香峰之间为一鞍部,坡度约 30°,鞍部以上到顶峰是坡度约 20°的冰雪坡。雪宝顶的西南山脊,海拔 5 000m 以下皆为 20°~25°的冰雪坡。西侧由于冰川的切割,形成了毕露的岩石刃脊,山体西北坡多为裸露岩石和陡崖。

雪宝顶峰地区的气候潮湿多雨,每年 10 月到翌年 4 月为旱季,5 月至 9 月为雨季,其中7月、8月雨水较少,是登山的理想季节。雪宝顶路线短,攀登难度较易,因此,成为诸多登山者的起步山峰。近年来,雪宝顶传统路线(西坡→南山脊路线)保持着较高的登顶率,尝试寻找新路线正成为一些攀登者的目标。

第五节　昆仑山东段最高峰——玉珠峰

1. 山峰介绍

玉珠峰又称可可赛极门峰,海拔6 178m,是昆仑山东段最高峰,其位于青海省中部、格尔木以南160km的昆仑山口之东18km处。离最近居民点西大滩约50km,与格尔木市相距不到200km,同昆仑山口的比高不超过1 400m(昆仑山口海拔4 772m),汽车可通行至海拔5 050m的大本营,8月份的最低雪线海拔为5 600m。其两侧矗立着众多海拔5 000m左右的山峰,南北坡均有现代冰川发育,地形特点为南坡缓、北坡陡,其中南坡冰川末端海拔约5 100m,北坡比较大,冰川延伸至海拔4 400m。玉珠峰的山形地貌对于初学登山者是非常理想的,其南坡路线清楚明了,对于攀登技术要求较低,但大本营的高度却相对较高,海拔为5 050m。同时玉珠峰南坡已被风化成馒头状山峰,坡度较缓,发生雪崩的可能性极小。玉珠峰地区属大陆性气候,全年降雨量仅200mm。然而在海拔5 000m以上的高海拔地区,受高空对流气流的影响,其降雨量高出山前地带数百毫米。年平均气温为-5℃,最低气温可达-30℃。登山季节为5月至10月,其中5月份风较大,而7月、8月份雨水较多,因而以6月或8月底10月初为最佳。而且玉珠峰线路非常成熟,中国登山协会和青海登山协会每年都会组织一次到两次的登山大会。它是中国登山协会和青海登山协会的登山基地。

玉珠峰地区的天气状况,以1999年6月为例,其大本营夜间的气温在-3℃～2℃之间,白天通常在10℃以上,天晴且无风时可达20℃;降水情况受大气环流影响,无明显周期,上山前可参考中期天气预报,以制定登山计划。值得注意的是山上的天气小周期现象,其5天为一个天气周期,每年4月至10月都是玉珠峰的登山季节,气候条件相对较好。

2. 攀登路线(传统路线)相关地点的海拔高度

①西宁:2 275m;

②格尔木:2 800m;

③西大滩:4 100m;

④大本营(BC):5 000m;

⑤1号营地(C1):5 400m;

⑥顶峰(TOP):6 178m。

第六节 活佛座前的最高侍者——阿尼玛卿山

1. 相关简述

阿尼玛卿亦称玛积雪山,坐落在青海省东南部果洛藏族自治州境内,系东昆仑山支尾段,其主峰玛卿岗日海拔6 282m,位于东经99.4°、北纬34.8°。"阿尼玛卿"藏文之意为"活佛座前的最高侍者",被藏族同胞视为神山,每年都有大批朝圣者爬山涉水、风餐露宿前去虔诚地朝拜。

阿尼玛卿还是黄河源头最大的山。阿尼玛卿山呈西东南走向,长约28km,宽10km。中国黄河在玛积雪山来了个180°大拐弯后向东南流去,主峰玛卿岗日正好处于大拐弯中央。玛卿岗日周围有17座海拔5 000m以上山峰。远远眺望,碧云万里,雪峰突兀,宛如水晶玉石,光洁晶莹,十分壮观。

阿尼玛卿山区现代冰川十分发育,大小冰川有40余条,面积约150km^2,水资源丰富,冰川融水分别汇入黄河支流切木曲等水系。玛积雪山脚下是水草丰盛的高山牧场,泉水交错,溪流蜿蜒,灌溉着无数称为"梅朵塘"的草滩。夏季片片草滩上花团锦簇,牛羊成群。主峰东侧海拔4 000m处生长着茂密的灌木丛,海拔3 200m以下则是环山的黄河之滨,蕴育着片片的原始森林,松杉遍地,古柏参天。其周围物产丰富,有珍贵的虫草、雪莲等,高山草甸和森林地带生活着雪鸡、马鸡、雪豹、白唇鹿等珍禽异兽。

阿尼玛卿曾被称为"神秘的阿尼玛卿"。1926年曾有一位美国人在攀登到阿尼玛卿海拔4 900m时,他估计此地距顶峰大约还有3 600m,后来他还著书说玛卿的主峰有8 500m,甚至称其比珠穆朗玛峰还要高,世界的第一高峰在青海。

2. 气候条件

其属大陆性气候,天气变化无常,有时一日数变,风雪冰雹天气交替降临。据实测,每年4月底以前为狂风大雪主宰,6月初至8月末以前,则阴雨连绵,雪雹齐全,时而还伴有龙卷风,日降水量约10mm左右的天气往往持续20天以上。一年中1月的气温最低,峰顶气温可达-50℃以下。而每年4月底至6月初以及9月、10月两月,主峰最低气温为-30℃。全年以西北风和东北风最盛,西风也较多。2月、3月、4月风最大,而又以3月为最,风速在17m/s以上的大风天气常常连续15天以上。海拔4 700m的地方,其最大风速可达40m/s。

3. 进山路线

从青海省西宁市乘汽车出发到果洛州所在地玛沁(大武),全程638km,需时2天。但冬季有时因大雪封山,交通会临时停断。从玛沁沿东倾沟北上至雪山乡,全程55km,雨季常有山洪爆发,阻碍交通。从雪山乡换乘马或牦牛,溯切木曲河西行约 30km 可达曲哈尔晓玛冰川末端的登山大本营。

另一条进山路线是从西宁市乘坐汽车经青海湖再到温泉,这一段路况良好,全程 460km。从温泉到大本营有 360km。正式登山,在天气良好的条件下需要 9 天时间。然后从大本营前往玛沁、贵德,返回西宁。这条路线攀登的是阿尼玛卿山的第二高峰,海拔 6 268m。它的登山路线要短一些,而且这座山峰的山形更为峻峭。

4. 攀登历史

1949 年,一美国人测量玛卿的海拔高度为 9 041m,是世界最高峰。这期间还有一些勘查队来此,然而都无功而返。直至 1960 年,原北京地质学院 11 人登上玛卿峰,玛卿才逐渐被世人认知。

1960 年 6 月,原北京地质学院登山队 11 人沿其东北坡首次登上阿尼玛卿Ⅲ峰。

1981 年 5 月,日本新泻上越登山队 8 人沿其东南山脊登上主峰——玛卿岗日。

1994 年 7 月~8 月,北京青年登山队攀登阿尼玛卿峰,因天气原因,在登顶后的下撤过程中,队长汪晓征不幸遇难。

1996 年 8 月 1 日,北京大学登山队 5 人登上阿尼玛卿峰。

5. 特别提示

(1)交通:阿尼玛卿登山大本营距果洛州首府大武镇约 85km 左右,其山高路险,雨季道路泥泞,车辆要有良好的越野性能。

(2)食宿:雪山路沿线没有食宿点,要自备食物和野营装备,夏季应准备 -5~-10℃的睡袋,帐篷要有良好的防水抗风功能。

(3)阿尼玛卿山气候条件恶劣,海拔均在 4 000m 以上,会有不同程度的高山反应,应准备抗缺氧药物,以预防感冒。

(4)徒步转山一周需要 7~8 天的时间,如果体能不够,可以通过大武登山协会租用马或牦牛,转山时会有许多神秘莫测的自然现象考验朝圣者的虔诚。

附录一

登山户外运动俱乐部及
相关从业机构技术等级标准

第一章 技术等级评定的范围

第一条 参加技术等级评定的俱乐部及相关从业机构必须是经过中国登山协会资质认证的俱乐部。

第二条 参加技术等级评定的俱乐部及相关从业机构必须自愿申请,并交纳一定的评审费和管理费。

第二章 技术等级及其标准

第三条 中国登山协会对登山户外运动俱乐部及相关从业机构实行三级技术等级标准:从低到高为 A 级、AA 级和 AAA 级。

第四条 A 级标准为:

(一)具有 1 名以上中级、2 名以上初级技术人员(包括攀岩教练员、户外运动指导员、高山向导、拓展培训师等)和若干辅助技术人员(保护员、医护人员等)的技术力量。

(二)正式注册会员在 50 人以上。

(三)具有组织每次 50 人以上的、符合国家技术标准规定(拟订中)的技术装备。

(四)每年组织 10 次以上的户外运动活动或比赛。

(五)成功组织或承办过 2 次以上县级或 1 次以上地区级的活动或比赛。

(六)没有因为人为原因导致重大伤亡事故的记录。

第五条 AA 级标准为:

(一)具有 2 名以上中级、4 名以上初级技术人员(包括攀岩教练员、户外运动指导员、高山向导、拓展培训师等)和若干辅助技术人员(保护员、医护人员等)的技术力量。

(二)注册会员在 100 人以上。

(三)具有组织每次 60 人以上户外运动的技术装备。

（四）每年组织 15 次以上的户外运动活动或比赛。
（五）成功组织或承办过 2 次以上地区级或 1 次以上省级的活动或比赛。
（六）没有因为人为原因导致重大伤亡事故的记录。

第六条　AAA 级标准为：
（一）具有 3 名以上中级、5 名以上初级技术人员（包括攀岩教练员、户外运动指导员、高山向导、拓展培训师等）和若干辅助技术人员（保护员、医护人员等）的技术力量。
（二）注册会员在 300 人以上。
（三）具有组织每次 100 人以上户外运动的技术装备。
（四）每年组织 20 次以上的户外运动活动或比赛。
（五）成功组织或承办过 2 次以上省级或 1 次以上全国的活动或比赛。
（六）没有因为人为原因导致重大伤亡事故的记录。

第三章　评定程序

第七条　技术等级标准的评定程序为：
（一）具有中国登山协会《资质认证证书》的俱乐部及相关从业机构向中国登山协会提出申请，并交纳一定的评审费（A 级不需申请）。
（二）中国登山协会聘请 5~7 名相关专家（一般为各相应专业委员会的委员）组成技术等级评定小组，对提出申请的俱乐部及相关从业机构进行审查（必要时实地考察）。

第四章　技术等级标准的管理

第八条　技术等级标准的有效期为一年，一年后须申请延长有效期或重新申请技术等级。

第五章　技术等级标准的降级或取消

第九条　俱乐部出现以下情形的，中国登山协会有权对其技术等级标准进行降级或取消：
（一）技术条件出现重大变化，不能满足现有技术等级标准的。
（二）因为人为原因导致重大伤亡事故的。
（三）不按时申请延长有效期或重新申请评定技术等级的。
（四）被中国登山协会取消资质认证资格的。

附录二

登山户外运动俱乐部及相关
从业机构资质认证标准

第一章　认证的目的及范围

第一条　为了有效地建立与国内各登山户外运动俱乐部及相关从业机构的联系,落实"服务、引导、规范"的管理宗旨,中国登山协会决定对国内各登山户外运动俱乐部及相关从业机构进行资质认证。

第二条　凡从事登山运动及其相关运动的登山户外运动俱乐部及相关从业机构,可自愿申请中国登山协会的资质认证登山运动及其相关运动为:

(一)登山运动:海拔超过 3 500m 的登山探险运动。

(二)登山运动的相关运动:由登山运动派生出来的,或与登山运动有一定关联的体育运动包括:各种自然岩壁、人工岩壁、冰壁的攀登;山区健行、峡谷运动、山地运动、野外生存、洞穴探险等;蹦极运动、拓展运动、群众登山运动等。

第三条　从事上述运动的俱乐部及相关从业机构,须经当地体育行政主管部门批准,并在当地民政部门或工商部门注册登记。

第二章　认证俱乐部及相关从业机构的条件、义务和权利

第四条　认证俱乐部及相关从业机构的条件:

(一)拥护中国共产党的领导,拥护社会主义制度,遵纪守法,以推动全民健身为己任,在以往的工作、活动中有良好的表现,并有一定的社会影响。

(二)承认《中国登山协会章程》。

(三)具有 1 名以上中级、2 名以上初级技术人员(包括攀岩教练员、户外运动指导员、高山向导、拓展培训师等)和若干辅助技术人员(保护员、医护人员等)的技术力量。

(四)正式注册会员在 50 人以上。

(五)具有组织每次 50 人以上的、符合国家技术标准规定(拟订中)的技术装备。

(六)每年组织 10 次以上的户外运动活动或比赛。

(七)建立了规范的内部管理制度(包括《环保制度》、《会员管理制度》、《管理制

度》、《活动组织规范》、《技术操作规范》)并能严格执行。《环保制度》、《活动组织规范》和《安全管理制度》由中国登山协会统一拟订范本。

(八)积极参加中国登山协会组织的比赛和登山户外运动的活动。

第五条 得到认证的俱乐部及相关从业机构的义务:

(一)协助中国登山协会进行推动当地登山户外运动的有关工作。

(二)须每年向中国登山协会书面报告年度工作情况,包括:组织变更情况、活动概况、经费基本情况、重大事故报告、环保工作情况等。

(三)按有关规定进行年审。

第六条 得到认证的俱乐部及相关从业机构的权利:

(一)可宣传、悬挂中国登山协会的资质证书,但必须完整(即包括资质的项目)。

(二)可参加中国登山协会举办的有关活动和比赛,并享有参加培训、服务的优先权。

(三)可得到中国登山协会技术信息资料,包括《山野》杂志、技术咨询、有关法令条例、活动信息等。

(四)可参加中国登山协会组织的出国考察、对外交流活动。

第三章 认证程序

第七条 向中国登山协会提出认证申请,并提供以下材料:

(一)进行资质认证的申请书,其中须包括对《中国登山协会章程》承认的承诺、拟申请的登山户外运动的项目(攀岩登山类户外运动、高山探险、群众登山、拓展训练等,可报其中一项或多项)。

(二)各地体育主管机关的批准材料、工商或民政部门的批复文件(复印件),学校俱乐部须有学校法人的签字和法人单位公章。

(三)俱乐部及相关从业机构的性质、业务范围。

(四)俱乐部及相关从业机构内部管理制度(包括《安全管理制度》、《环保制度》、《会员管理制度》、《活动组织规范》和《技术操作规范》)。

(五)俱乐部负责人和技术人员名单及其资质(姓名、性别、出生年月、学历、在俱乐部及相关从业机构中担当的技术工作、受专业技术教育情况及有关证明材料、要作或技术简历、主要成就、照片1张等)。

(六)俱乐部及相关从业机构的正式注册人数、开展活动情况。(活动性质、次数和人数)、场地、装备、经费基本情况、以往重大事故及简要技术分析。

(七)俱乐部及相关从业机构的具体位置、联系方式。

(八)一定的评审费用。

第八条 中国登山协会在接到俱乐部及相关从业机构的申请后,将在1周内通知俱乐部收到申请,并尽快地组织评审工作。

第九条 评审工作由"户外运动及俱乐部管理部"负责组织实施:根据申请资质的项目,组织5~7名相关专家(一般为各相应专业委员会的委员)组成评审小组,在详细听取(有条件时)、仔细阅读有关申请材料(必要时实地考查)后,以无记名投票方式决定评审结果,报中国登山协会批准。

第十条 评审委员会主要是针对申请单位所申请开展的项目及其组织机构进行评审,评审结果须明确注明俱乐部及相关从业机构的名称、性质、法人代表和经过资质认证的运动项目。

第十一条 中国登山协会批准评审委员会的评定结果后,申请单位即成为"中国登山协会资质认证俱乐部及相关从业机构",同时必须注明经过资质认证的项目。模式为:"中国登山协会资质认证××(××项目)"。

第十二条 成为资质认证的俱乐部及相关从业机构,其所有申请材料由中国登山协会统一保存归档,并由中国登山协会颁发《资质认证证书》。

第十三条 通过资质认证的俱乐部及相关从业机构,同时具备A级技术等级标准。只有通过A级技术等级标准,才能申请AA级、AAA级技术等级。

第四章 认证资格的管理

第十四条 中国登山协会每年年末将对认证了的俱乐部及相关从业机构进行年审复核,俱乐部及相关从业机构须按时(12月1日—12月15日)提供年度俱乐部资料(见第五条之二),并交纳一定的年审费用。

第十五条 俱乐部及相关从业机构出现以下情形的,中国登山协会有权吊销其认证资格证书:

(一)出现严重政治问题的。

(二)严重违反《活动组织规范》、《技术操作规范》等安全管理制度,发生重大伤亡责任事故的。

(三)严重违反《环保制度》的。

(四)申请或复查时提供的资料严重失实的。

(五)被当地体育主管部门、当地民政部门或工商部门吊销注册登记证书的。

(六)出现重大变化,不能满足认证条件的。

(七)长期不参加中国登山协会组织的活动,或无故不参加中国登山协会要求参加的会议的。

(八)不按时进行年审的。

附录三

户外运动员注册与交流
管理办法（试行）

第一条 为加强户外运动员的管理，保证我国户外运动比赛的正常有序进行，根据国家体育总局相关规定，制定本管理办法。

第二条 国家体育总局登山运动管理中心是全国户外运动员注册和交流的主管单位。

第三条 户外运动员的注册与交流应本着自愿、公开、合法、有序的原则进行。

第四条 户外运动员所属的法人代表负责为运动员进行注册，每年进行一次。

第五条 每年12月1日至次年1月31日为户外运动员年度注册时间，逾期不予办理。

第六条 户外运动员本人应与所代表的法人单位签定代表资格协议书（由中国登山协会统一印制），时间为一年。

第七条 办理注册的户外运动员所属法人单位须填写报送户外运动员代表资格协议书和交流协议书（由中国登山协会统一印制），并提供运动员两张二寸照片和每人20元的注册工本费。

第八条 国家体育总局登山运动管理中心自收到注册申请表10个工作日内，为运动员办好注册，同时发放注册证。

第九条 国家体育总局登山运动管理中心在每年度注册期结束后10天内，将本年度运动员注册名单以文件形式向全国公布。

第十条 户外运动员参加国家体育总局登山运动管理中心和中国登山协会主办的比赛，应代表所属的具有法人资格的单位。

第十一条 户外运动员参加全国比赛，应出示注册证，没有注册证的运动员不能参加比赛。

第十二条 户外运动员注册一年进行一次。户外运动员在一个注册年度内只能代表其所属的法人单位，不能代表其他单位。

第十三条 一个注册年度结束，户外运动员可以进行交流。交流采取自愿的原则。

第十四条 对违反本办法的单位,给予批评;情节严重的,给予停止注册资格一年直至取消其注册资格的处罚。

第十五条 触犯刑律的运动员,自动取消其注册资格。

第十六条 本办法的解释权属国家体育总局登山运动管理中心。

第十七条 本办法自发布之日起执行。

附录四

攀岩攀冰运动管理办法

第一章 总 则

第一条 为促进我国攀岩、攀冰运动健康有序地发展,提高攀岩、攀冰运动的社会普及程度和技术水平,依照《中华人民共和国体育法》等法规制定本办法。

第二条 国家体育总局登山运动管理中心(以下简称登山中心)是我国攀岩、攀冰运动的主管部门,负责该项目的普及、推广、提高及竞赛工作。

中国登山协会代表中国参加国际及亚洲的攀岩、攀冰组织,并代表中国组队参加各类国际比赛。

第三条 地方各级体育行政部门是本地区攀岩、攀冰运动的主管部门,负责对本行政区域内攀岩、攀冰经营场所及其器材、设施、从业人员等方面的管理和监督。

第四条 攀岩、攀冰运动是一项具有一定危险性的运动,本项目的所有从业人员(包括运动员、教练员、裁判员、定线员、社会体育指导员及管理人员)均应以高度的责任心,确保在开展此项运动过程中的安全。

第二章 竞赛活动的管理

第五条 凡在中国境内举办的世界杯赛、世界锦标赛、亚洲锦标赛、国际邀请赛和全国性以及跨省、自治区、直辖市的攀岩、攀冰比赛及活动,均须报国家体育总局批准,由中国登山协会组织实施。

第六条 在各级行政区域内举办的攀岩、攀冰活动,由相应的地方体育行政部门审批,并报登山中心备案。

第七条 全国锦标赛(包括青年锦标赛)以上级别竞赛的比赛规则采用《国际竞技攀登委员会比赛规则》,全国邀请赛及区域性的各类比赛可视具体情况,制定并采用相应的比赛规则。

第八条 参加本项目竞赛的运动员、教练员、裁判员和定线员必须遵守国家对体育竞赛的有关规定,遵守体育道德,严禁使用兴奋剂,严禁利用本项目的竞赛进行任何形式的赌博活动。

第九条 本项目竞赛的申办者有下列情况之一的,负责审批该竞赛的体育行政部门将不予办理：

（一）申请、登记中隐瞒真实情况、有弄虚作假行为的。

（二）从事与申请中载明的目的和意义不一致活动的。

（三）组织的相关活动有害于运动员身心健康或有损于社会主义精神文明建设的。

第三章　从业人员的管理

第十条　中国登山协会负责实施对攀岩、攀冰项目的专业人员（包括运动员、教练员、裁判员、定线员）及其他从业人员（包括管理人员、工作人员、社会体育指导员等）的培训及资格认证工作，具体办法另行制定。地方各级登山协会在各自职责范围内对上述人员实行管理。

第十一条　攀岩、攀冰活动从业人员只有经过中国登山协会培训、考核和资格认证，才能进行此项活动的有偿服务，培训合格者，发给由中国登山协会统一制作的教练员、裁判员、定线员等级证书和管理人员、工作人员、社会体育指导员资格证书。以上人员的技术评定实行年度审核。

攀岩运动员的注册按有关注册管理办法执行，其技术等级按国家体育总局颁发的登山运动员技术等级标准执行。

第十二条　申请参与攀岩、攀冰活动的广告经营单位或其他中介组织，须符合国家规定的从业条件，并与攀岩、攀冰活动的主办者签订承办协议后方可对外开展有关业务。

上述活动中的广告、赞助行为不得与中国登山协会指定赞助商的广告权益发生冲突，其收入和用途应符合国家有关规定，并自觉接受审计部门监督。

第四章　罚　则

第十三条　未经国家体育总局和县级以上地方各级体育行政部门审批、登记，擅自举办竞赛不听劝阻的，登山中心与地方体育行政部门责令停止举办该项体育竞赛，由地方体育行政部门对举办者进行3 000元以上、5 000元以下罚款，并给予停止其举办比赛资格3年的处罚。

第十四条　在开展此活动中，因从业人员违反安全操作规程或使用不符合要求的装备器材，将视情节轻重对其进行警告直至停止参加本项活动、取消其从业资格的处罚，对因此而发生事故的，由肇事者承担一切后果，并由公安、工商部门对其进行行政处罚，构成犯罪的追究刑事责任。

第五章　附　则

第十五条　本办法实施前已从事攀岩、攀冰活动的单位和个人，应在本办法颁布之日起一年内,到当地体育行政部门补办有关手续。

第十六条 本办法由登山中心负责解释。

第十七条 本办法自颁布之日起施行。

附录五

全国攀岩运动员注册与交流
管理办法（试行）

第一章 总 则

第一条 为了加强攀岩运动员队伍管理，保证训练竞赛工作质量，促进攀岩运动人才资源合理配置，推动攀岩运动的发展，根据国家体育总局《全国运动员注册与交流管理办法》制定本办法（以下简称《办法》）。

第二条 本办法所称运动员，是指参加国家体育总局主办的全国综合性运动会和中国登山协会主办的全国性比赛的运动员。

第三条 运动员注册与交流应遵循自愿、公开、合法、有序的原则进行。

第四条 中国登山协会负责对攀岩运动员实行注册与交流的管理。

第二章 注 册

第五条 各省、自治区、直辖市、新疆生产建设兵团、解放军、行业体协及经国家体育总局和中国登山协会批准认可的参加全国成年、青年和少年比赛的单位是具有注册资格的单位。

第六条 攀岩运动员参加国家体育总局主办的全国综合性运动会和全国攀岩比赛，应在具有注册资格的单位（以下简称"单位"）进行注册。

第七条 运动员本人应与拟代表的注册单位签订代表资格协议。

第八条 运动员与注册单位签订的代表资格协议期限为2至9年。

第九条 注册运动员年龄不能低于16岁。

第十条 代表资格协议书由国家体育总局统一印制，主要包括以下内容：

（一）协议双方名称（甲方、乙方）；

（二）协议双方的权利和义务；

（三）协议的起止日期；

（四）运动员本人签字和指纹印；

（五）注册单位法人代表或被授权人签字和单位盖章；

（六）违反责任及解决争议的方法；

（七）签署协议的日期；

（八）其他协议所包含的内容。

第十一条 注册单位应当在代表资格协议签订之日起3个月内为运动员进行注册。逾期不注册，代表资格协议自动失效。

第十二条 首次注册的运动员须出示本人户籍管理部门出具的户籍证明原件和本人身份证复印件。

第十三条 每年12月1日至次年1月31日为运动员的年度注册期和年度确认期。年度确认是指已注册运动员在代表资格不变的情况下进行的下一年度的注册。

第十四条 具有注册资格的单位每年必须在12月1日至次年1月31日期间持有效的代表资格协议到中国登山协会为运动员办理代表资格登记注册或确认手续。

第十五条 注册单位未在年度确认期为运动员办理确认手续，其代表资格协议自动终止，运动员有权向中国登山协会提出申诉，并可自主选择新的注册单位。

第十六条 中国登山协会在每一年度注册期结束后10天内，将本年度注册名单以文件形式向全国公布。

第十七条 注册证是运动员注册的凭证，用于确定运动员的代表单位和参赛资格。

第十八条 注册证由中国登山协会统一颁发，由注册单位负责管理和使用。

第十九条 运动员注册的费用按照国家体育总局体经字[2002]479号转发的国家计委、财政部《关于运动员注册费等收费标准及有关事项的通知》执行。每个注册期每人注册费为20元。

第二十条 注册单位必须保证本单位注册运动员每两个注册年度之内至少参加一次国家体育总局、中国登山协会举办的全国性比赛，或经批准举办的有4个以上（含4个）的省（市、区）级单位参加的区域性比赛。否则，运动员有权终止原代表资格协议，并自主选择新注册单位。

运动员确因伤病不能参赛的由县级以上医院出具证明。

第二十一条 代表资格协议期满后，注册单位享有对该运动员的注册优先权。

第二十二条 运动员参加全国性比赛，只能代表注册单位。参加全国体育大会比赛的运动员代表资格问题，由全国体育大会组织部门与中国登山协会协商解决。

第二十三条 高等院校和中等学校学生入校后可自行选择注册单位，即可继续留在原注册单位，也可在学校进行注册。

第二十四条 进行双重注册时，应当出具双重注册协议，双重注册协议由已注册方、新注册方和运动员本人或法定监护人签订。

第二十五条 高等院校和中等学校的学生终止学业时,代表学校的注册自然终止,运动员可自主选择注册单位,如为双重注册运动员,注册的最终决定权自然归属另一注册方。

第二十六条 运动员在代表资格协议期内,未经原注册单位同意,不得与其他任何单位再次签订代表资格协议,否则,对当事人予以处罚,处罚期满后,运动员只能由原注册单位进行注册,双重注册的运动员除外。

第二十七条 运动员的注册年龄,以首次注册时户籍管理部门出具的户籍证明原件和运动员本人的身份证原件为准。

第三章 解放军运动员的注册

第二十八条 解放军体育部门在地方招收未注册过或注册优先权期限已满的运动员,凭军队专业体工队上级主管部门出具的入伍证明进行注册。

第二十九条 解放军体育部门在地方招收已注册或在注册优先权期限内的运动员,凭军队专业体工队上级主管部门出具的入伍证明和与运动员注册单位的输送协议进行注册,输送协议须由运动员所属的省级体育行政部门和军队专业体工队上级主管部门及运动员本人三方共同签订。

第三十条 解放军体育部门在地方招收的未注册过或注册优先权期限已满的运动员,退伍后可以凭退伍证明代表任何具有注册资格的单位进行注册。

第四章 交 流

第三十一条 运动员在代表资格注册期满后可进行交流。交流本着双方协商的原则进行。原注册单位有优先注册权。

第三十二条 交流协议须由运动员原注册单位和新注册单位的法人代表及运动员本人三方共同签订。

第三十三条 交流协议由国家体育总局统一印制,主要包括以下内容:

(一)协议三方具体名称;

(二)交流的起止日期;

(三)协议三方的权利和义务;

(四)运动员本人签字和指纹印;

(五)协议双方单位法人代表或被授权人签字、单位盖章;

(六)协议双方单位的省级体育行政部门意见和法人代表或被授权人签字、单位盖章;

(七)违反责任及解决争议的方法;

(八)签署协议的日期。

第三十四条　交流协议须经中国登山协会审核,并报国家体育总局批准后生效。

第三十五条　新注册单位凭交流协议可与运动员本人签订代表资格协议,并到中国登山协会办理注册手续。

第五章　处　罚

第三十六条　对违反本办法规定的运动员,视情节轻重给予当事人停止比赛、停止1至4年注册资格,直至取消终身注册资格的处罚。

第三十七条　对违反本办法规定的单位,视情节轻重给予通报批评、罚款(按中国登山协会的有关规定执行)、停止该项目队伍参加全国比赛、停止1至4年注册资格直至取消注册资格的处罚。

第三十八条　触犯刑法的运动员,自动取消其注册资格。

第六章　裁　决

第三十九条　运动员注册和交流过程中发生争议问题或出现违规行为,任何单位或个人均可以书面形式向国家体育总局、中国登山协会提出申诉或进行举报。

第四十条　中国登山协会须在接到申诉或举报30天内做出裁决。

第四十一条　当事人对中国登山协会的裁决或处罚有异议,可在裁决之日起20天内,向国家体育总局提出复议申请,由国家体育总局做出最终裁决。

第四十二条　负责运动员注册与交流管理工作的单位和个人出现违纪、违规行为的,将视情节轻重给予相关处分。

第七章　附　则

第四十三条　本《办法》的解释权属于中国登山协会。

第四十四条　本《办法》自颁布之日起执行。原《攀岩运动员参加全国比赛代表资格注册管理办法》(体登字[1998]055号)同时废止。

附录六

登山运动员技术等级标准

一、国际级运动健将

凡达到下列条件之一者,可申请授予国际级运动健将称号。

男子：

（一）有两国以上运动员参加的国际登山活动中登上一座海拔 8 500m 以上独立山峰顶峰；

（二）世界体育大会、世界攀岩锦标赛、难度赛和攀石赛前 8 名,速度赛前 6 名；

（三）世界杯攀岩赛、难度赛和攀石赛前 6 名,速度赛前 3 名；

（四）亚洲攀岩锦标赛、难度赛、攀石赛前 2 名,速度赛第 1 名；

（五）亚洲杯攀岩赛、难度赛、攀石赛、速度赛第 1 名。

女子：

（一）有两国以上运动员参加的国际登山活动中登上一座海拔 8 000m 以上独立山峰顶峰及登达海拔 8 200m 以上高度；

（二）世界体育大会、世界攀岩锦标赛、难度赛、攀石赛前 8 名,速度赛前 6 名；

（三）世界杯攀岩赛、难度赛、攀石赛前 6 名,速度赛前 3 名；

（四）亚洲攀岩锦标赛、难度赛、攀石赛前 2 名,速度赛第 1 名；

（五）亚洲杯攀岩赛、难度赛、攀石赛、速度赛第 1 名。

二、运动健将

凡达到下列条件之一者,可申请授予运动健将称号。

男子：

（一）登上一座海拔 8 000m 以上独立山峰顶峰；

（二）登上两座海拔 7 500m 以上独立山峰顶峰；

（三）登上一座海拔 7 500m 以上独立山峰,并在另一次登山活动中登达 8 000m 以上高度；

（四）两次不同山区或不同活动中登达海拔 8 000m 以上高度；

（五）世界体育大会、世界攀岩锦标赛、难度赛、攀石赛前 10 名,速度赛前 10

名；

（六）世界杯攀岩赛、难度赛、攀石赛前12名，速度赛前6名；

（七）亚洲攀岩锦标赛、难度赛、攀石赛前6名，速度赛前2名；

（八）亚洲杯攀岩赛、难度赛、攀石赛前3名，速度赛前2名；

（九）全国体育大会全国攀岩锦标赛、难度赛、攀石赛两次前3名，速度赛三次前3名。

女子：

（一）登上一座海拔7 500m以上独立山峰顶峰，并在另一次登山活动中登达海拔6 000m以上独立山峰顶峰或海拔7 000m以上高度；

（二）登上两座海拔7 000m以上独立山峰顶峰者；

（三）登上一座海拔7 000m以上独立山峰顶峰，并在另一次登山活动中登达7 500m以上高度；

（四）两次不同山区或不同活动中登达海拔7 500m以上高度；

（五）世界体育大会、世界攀岩锦标赛、难度赛、攀石赛前16名，速度赛前10名；

（六）世界杯攀岩赛、难度赛、攀石赛前12名，速度赛前8名；

（七）亚洲攀岩锦标赛、难度赛、攀石赛前6名，速度赛前3名；

（八）亚洲杯攀岩赛、难度赛、攀石赛前3名，速度赛前2名；

（九）全国体育大会、全国攀岩锦标赛、难度赛、攀石赛两次前3名，速度赛三次前3名。

三、一级运动员

凡达到下列条件之一者，可申请授予一级运动员称号。

男子：

（一）登上一座海拔7 500m以上独立山峰顶峰；

（二）登上两座海拔7 000m以上独立山峰顶峰；

（三）登上一座海拔7 000m以上独立山峰，并在另一次登山活动中登达7 500m以上高度；

（四）两次不同山区或不同活动中登达海拔7 500m以上高度；

（五）亚洲攀岩锦标赛、难度赛、攀石赛获得前10名，速度赛获得前8名；

（六）全国体育大会、全国攀岩锦标赛、难度赛、攀石赛前3名或两次前6名，速度赛三次前6名。

女子：

（一）登上一座海拔7 000m以上独立山峰顶峰；

(二)登上两座海拔 6 500m 以上独立山峰顶峰；

(三)登上一座海拔 6 500m 以上独立山峰顶峰，并在另一次登山活动中登达 7 000m 以上高度；

(四)两次不同山区或不同活动中登达海拔 7 000m 以上高度；

(五)亚洲攀岩锦标赛、难度赛、攀石赛前 10 名，速度赛前 8 名；

(六)亚洲杯攀岩赛、难度赛、攀石赛前 10 名，速度赛前 8 名；

(七)全国体育大会、全国攀岩锦标赛、难度赛、攀石赛前 2 名或两次前 6 名，速度赛获得三次前 6 名。

四、二级运动员

凡达到下列条件之一者，可申请授予二级运动员称号。

男子：

(一)登上一座海拔 7 000m 以上独立山峰顶峰；

(二)登上两座海拔 6 500m 以上独立山峰顶峰；

(三)登上一座海拔 6 500mm 以上独立山峰，并在另一次登山活动中登达 7 000m 以上高度；

(四)两次不同山区或不同活动中登达海拔 7 000m 以上高度；

(五)全国体育大会、全国攀岩锦标赛、难度赛、攀石赛前 6 名或两次前 8 名，速度赛三次前 8 名。

女子：

(一)登上一座海拔 6 500m 以上独立山峰顶峰；

(二)登上两座海拔 6 000m 以上独立山峰顶峰；

(三)登上一座海拔 6 000m 以上独立山峰顶峰，并在另一次登山活动中登达 6 500m 以上高度；

(四)两次不同山区或不同活动中登达海拔 6 500m 以上高度；

(五)全国体育大会或全国攀岩锦标赛、难度赛、攀石赛前 6 名或两次前 8 名，速度赛三次前 8 名。

五、三级运动员

凡达到下列条件之一者，可申请授予三级运动员称号。

男子：

(一)登上一座海拔 6 500m 以上独立山峰顶峰；

(二)登上两座海拔 6 000m 以上独立山峰顶峰；

(三)登上一座海拔 6 000m 以上独立山峰，并在另一次登山活动中登达

6 500m以上高度；

（四）两次不同山区或不同活动中登达海拔 6 500m 以上高度；

（五）全国体育大会或全国攀岩锦标赛、难度赛、攀石赛前 8 名或两次前 10 名，速度赛三次前 10 名。

女子：

（一）登上一座海拔 6 000m 以上独立山峰顶峰；

（二）登上两座海拔 5 500m 以上独立山峰顶峰；

（三）登上一座海拔 5 500m 以上独立山峰顶峰，并在另一次登山活动中登达 6 000m 以上高度；

（四）两次不同山区或不同活动中登达海拔 6 000m 以上高度；

（五）全国体育大会或全国攀岩锦标赛、难度赛、攀石赛前 8 名或两次前 10 名，速度赛三次前 10 名。

附录七

高山向导管理暂行规定

第一章 总 则

第一条 为加强高山向导的管理,推动我国登山事业健康发展,根据《中华人民共和国体育法》和相关法规,制定本规定。

第二条 本规定所称高山向导,是指在登山活动中带领并帮助队员或客户达到预期目标的专业技术人员。高山向导分为高山协作、初级向导、中级向导和高级向导四个等级。

第三条 国家体育总局是登山运动的归口管理部门,国家体育总局登山运动管理中心负责实施对全国高山向导的具体管理,各省、自治区、直辖市体育行政部门对本行政区域内高山向导进行管理。

第四条 国家对高山向导实行持证上岗制度。

第二章 资格取得

第五条 各级高山向导的培训、考核均由国家体育总局登山运动管理中心统一组织。

第六条 高山协作基本条件:

(一)了解登山理论,掌握一定的登山知识和技能,取得高山协作培训合格证书。

(二)登顶 5 000m 以上山峰。

(三)登山活动中具备基本技术的运用能力、高山活动能力和高山活动后勤保障能力。

第七条 初级向导基本条件:

(一)掌握登山理论知识和基本技术,取得初级向导培训合格证书。

(二)至少 3 次 6 000m 以上不同山峰的登顶或高度记录。

(三)达到攀岩难度至少 5.8 级和攀冰难度至少 W13 至 W14 级先锋攀登水平。

(四)具备 4 级以下技术等级地形登山活动的向导工作能力。

附录七 高山向导管理暂行规定

第八条 中级向导基本条件：

(一)比较系统地掌握登山理论知识,取得中级向导培训合格证书。

(二)至少3次6 000m以上不同山峰的登顶记录,或至少3次7 000m以上不同山峰的高度记录,或至少1次7 500m以上山峰的登顶记录,或至少1次8 000m以上山峰的高度记录。

(三)达到攀岩难度至少5.9级和攀冰难度至少W14级先锋攀登水平。

(四)至少两年初级向导的工作经历。

(五)具备计划、组织、实施登山活动的能力、正确判断危险的能力及控制活动的能力。

第九条 高级向导基本条件：

(一)系统掌握并精通登山理论知识,取得高级向导培训合格证书。

(二)至少3次7 000m以上不同山峰的登顶记录和1次8 000m以上山峰的高度记录,或至少1次8 000m以上山峰的登顶记录。

(三)达到攀岩难度至少5.10级和攀冰难度至少W14级先锋攀登水平。

(四)具有4年以上向导工作经历。

(五)通晓一门外语。

(六)具备计划、组织、实施登山活动的能力、综合协调能力和领导能力。

第十条 具备申请高山向导技术等级条件的应由本人填写申请书、提交必备的书面材料,经所在地登山组织推荐并签署意见后报国家体育总局登山运动管理中心统一审批。

第十一条 各级高山向导的申请者,考核合格后需提供以下材料。

(一)高山协作：

1. 申请书及5张2寸免冠近照；

2. 高山协作培训合格证书(复印件)；

3. 2名向导的评定书；

4. 相应标准的登顶、登高证书(复印件)。

(二)初级向导：

1. 申请书及5张2寸免冠近照；

2. 初级向导培训合格证书(复印件)；

3. 2名中级以上向导的评定书；

4. 相应标准的登顶、登高证书(复印件)；

5. 登山经历记录。

(三)中级向导：

1. 申请书及5张2寸免冠近照；

2. 中级向导培训合格证书(复印件);

3. 2名高级向导的评定书;

4. 相应标准的登顶、登高证书(复印件);

5. 至少2年初级向导的工作经历记录。

(四)高级向导:

1. 申请书及5张2寸免冠近照;

2. 高级向导培训合格证书(复印件);

3. 3名高级向导的评定书;

4. 相应标准的登顶、登高证书(复印件);

5. 至少4年中级向导的工作经历记录。

第十二条 审批通过后发给由国家体育总局登山运动管理中心统一制作的各级高山向导资格证书。

第三章 基本职责

第十三条 高山向导的基本职责是在登山活动中为队员或客户提供安全保障、技术指导和相关服务。

第十四条 高山协作职责:

(一)在向导的领导下工作,服从向导安排,接受向导的业务指导。

(二)运送登山物资、建设登山营地,协助向导做好各种安全保障和后勤服务。

第十五条 初级向导职责:

(一)接受中级和高级向导的业务指导。

(二)根据山峰条件,按要求进行登山物资的准备工作。

(三)按计划做好队员身体素质训练和基本技术指导。

(四)在4级以下技术等级地形登山活动中提供向导服务。

(五)登山活动中发生危险情况时,协助实施救援行动。

第十六条 中级向导职责:

(一)收集山峰资料,根据登山队伍大小和人员结构拟定攀登计划。

(二)确定登山活动组织人员配置名单,安排具体工作。

(三)制定并实施队员身体素质训练和技术训练计划。

(四)检查登山物资和装备的准备情况。

(五)在登山活动中提供向导服务,实施攀登计划,提供安全保障,安排攀登日程和人员活动。

(六)登山活动中对危险情况做出快速反应,及时采取有效救援措施。

(七)指导初级向导和高山协作的工作,并对其能力做出评定。

第十七条　高级向导职责：
（一）制订或审定登山活动计划。
（二）监督队员身体素质训练和技术训练计划的实施。
（三）监督登山活动的各项准备工作、登山活动实施过程。
（四）登山活动中发生危险情况时，组织、实施救援行动。
（五）指导向导的业务，提高向导的素质，并对其能力做出评定。

第四章　资格管理

第十八条　取得高级高山向导资格的人员在国家体育总局登山运动管理中心登记注册。

第十九条　高级高山向导每两年须参加继续培训或申请晋级培训。

第二十条　高山向导每两年须进行一次资格验审，验审时须提供其两年内的登山活动经历和相应的证明材料。

第二十一条　被注销资格证书的高山向导若继续从事向导工作的须重新申报。

第五章　法律责任

第二十二条　违反本规定，情节轻微的，由主管部门给予批评或警告。

第二十三条　违反本规定，属于下列情况之一的，由发证机关撤消其高山向导资格，收回高山向导证书。
（一）严重违反《国内登山管理办法》规定的。
（二）以高山向导身份在登山活动中发生严重责任事故的。
（三）未参加继续培训的。
（四）资格验审不合格，或逾期半年以上未进行资格验审的。
（五）资格验审间隔时间内未从事任何向导工作或登山活动的。
（六）违反其他有关规定的。

第六章　附　　则

第二十四条　在国外接受高山向导培训并取得资格证书的人员，按本规定执行。

第二十五条　本规定自发布之日起试行。

附录八

国内登山管理办法

第一章 总 则

第一条 为推动我国登山运动发展,确保国内登山活动的规范化,根据《中华人民共和国体育法》,制定本办法。

第二条 本办法适用于西藏自治区海拔 5 000m 以上和其他省、自治区、直辖市 3 500m 以上独立山峰的登山活动。

第三条 国家体育总局主管全国登山运动,国家体育总局登山运动管理中心具体组织实施管理。

各级体育行政部门管理本行政区域内的登山活动。

中国登山协会、地方各级登山协会按照其章程,协助体育行政部门做好有关管理工作。

第四条 省级体育行政部门根据本地区情况划定供攀登的山峰,报国家体育总局批准后,由省级体育行政部门分别公布。

第二章 登山活动申请和批准

第五条 举行登山活动应当组成具备以下条件的团队:

(一)有一个具有法人资格的单位发起;

(二)队员两人以上,并参加过省级以上登山协会组织的登山知识和技能的基础培训及体能训练;

(三)配备持有相应资格证书的登山教练或高山向导,1 名登山教练或高山向导最多带领 4 名队员;

(四)团队所有成员须经二级以上医院身体检查合格,无障碍疾患;

(五)配备符合安全要求的防寒、通讯、生活、医疗等基本器材装备。

登山团队不得吸收外国运动员参加。

第六条 登山团队设置领队(队长)。领队(队长)对团队活动和成员进行组织管理。团队成员应当服从领队(队长)的指挥。

第七条 举行登山活动应当进行申请。

攀登公布的山峰，登山活动发起单位应当在活动实施前一个月，向山峰所在地省级体育行政部门申请。

攀登未公布的山峰，登山活动发起单位应当在活动实施前三个月，向山峰所在地的省级体育行政部门提出申请。

攀登省、自治区、直辖市交界山峰，经攀登一侧省级体育行政部门批准，并向山峰交界其他方省级体育行政部门通报，如山峰交界省级体育行政部门间有争议，由国家体育总局决定。

第八条 攀登7 000m以上山峰，登山活动发起单位应当在活动实施前三个月向国家体育总局申请特批。

第九条 申请举行登山活动需要提供下列文件：

（一）申请书；

（二）登山活动发起单位法人资格证明；

（三）登山团队所有成员名单及登山简历；

（四）登山团队登山教练或高山向导的资格证书；

（五）登山计划书；

（六）装备清单；

（七）其他需要的文件。

第十条 统一申请的，由批准部门发给有国家体育总局制作的《登山活动批准书》。批准部门是省级体育行政部门的，还应将批准结果向国家体育总局备案。

第十一条 登山活动计划中如需有其他主管部门核准的事项，凭《登山活动批准书》，登山活动发起单位可以委托批准部门代办。

第十二条 山峰所在地省级体育行政部门负责向登山团队提供包括交通、山峰地区气象特征以及注意事项等信息和资料的咨询服务。

第十三条 登山团队变更攀登季节、路线或山峰，应当重新申报。

第三章 登山活动要求和成绩确认

第十四条 登山团队进山前，应当向山峰所在地省级体育行政部门交验《登山活动批准书》，并按山峰所在地相关规定，向当地有关部门交纳登山环保费。

第十五条 登山团队应当保持登山路线及营区的环境卫生，妥善处理登山垃圾。地方有具体环保规定的，按相应规定执行。

第十六条 登山团队在登山过程中出现重大事故，必须及时向批准单位报告，并采取相应措施。

第十七条 登山活动结束后，登山团队应及时向山峰所在地的省级体育行政部门报告，并将登山活动结果和登山过程中的意外情况以书面形式及时报告批准单位。

第十八条 需要交验成绩的,登山团队应向山峰所在地省级体育行政部门提出交验申请,组织者需提供以下资料:

(一)登顶或到达高度的图片(取景中须有背景和对照物)、登顶处女峰还须提供360°连片照片。

(二)登顶及攀登过程概述。

第十九条 成绩认定合格后,省级体育行政部门发给由国家体育总局登山运动管理中心统一制作的登顶(登高)证书,并报国家体育总局备案。达到等级运动员标准的,按照国家体育总局登山运动员技术等级标准申报等级运动员称号。

第二十条 登山团队使用山峰的名称、高度,应以国家有关部门最新正式公布的名称、高度为准。

第四章 罚 则

第二十一条 未经批准擅自组队登山的,国家体育总局登山运动管理中心或山峰所在地体育行政部门停止该登山活动,成绩不予认定;吊销参与该活动的登山教练员或高山向导的资格证书。

第二十二条 批准部门未履行审查职责,发放《登山活动批准书》的,国家体育总局视情况给予通报批评,责令改正。

第二十三条 未按环保要求处理垃圾的,按照地方有关规定处罚。

第五章 附 则

第二十四条 港、澳、台人员来大陆参加登山活动,按国家体育总局有关规定办理。

第二十五条 外国人来华参加登山活动,按《外国人来华登山管理办法》办理。

第二十六条 本办法自发布之日起施行。1997年7月8日原国家体委发布的《国内登山管理办法》同时废止。

附录九

外国人来华登山管理办法
(中华人民共和国体育运动委员会令第 16 号)

第一章 总 则

第一条 为了加强对外国人在中国境内登山的管理,有组织地进行国际登山交流,促进我国登山事业发展,制定本办法。

第二条 外国人在中国境内攀登下列对外开放的山峰以及附带在山峰区域内进行科学考察、测绘活动,适用本办法:

(一)西藏自治区海拔 5 000m 以上的山峰。

(二)其他省、自治区海拔 3 500m 以上的山峰。

第三条 外国人在中国境内进行登山活动,应当遵守中国的法律;外国人的正当权益,受中国法律保护。

第四条 外国人在中国境内登山的管理,实行统一领导,分级负责的原则。

第五条 对外开放山峰由中华人民共和国国家体育运动委员会(以下简称国家体委)和公安部公布。

第二章 来华登山手续

第六条 外国人来华登山,可以自行组成团队,也可以由外国团队和中国团队组成联合团队。

第七条 外国人来华登山,应向国家体委提出书面申请。外国人组成外国团队来华登山的,由外国团队提出申请,也可以委托我国省、市、自治区登山协会代理申请事宜。外国团队和中国团队组成中外联合团队登山的由中国团队提出申请。

第八条 国家体委收到外国团队或中外联合团队的登山申请后,应在六十个工作日内作出是否批准的决定,以书面形式通知外国团队或者中外联合队、代理申请事宜的省、自治区登山协会和登山活动所在省、市、自治区体委。

第九条 外国团队接到国家体委批准的登山通知后,应当按照通知要求缴纳注册费,并与通知中指定的单位签订登山议定书。与外国团队签订登山议定书的单位(以下简称中方签约单位)应当及时将议定书副本报送国家体委备案。

第十条 议定书报送国家体委备案后,不得任意变更。如需要变更,应当经签订议定书的中外双方协商确认;如果变更攀登的季节、路线或者山峰,应当重新报国家体委审批。

第十一条 外国团队应当在入境的一个月前,将在中国境内登山的经费按预算全额汇寄中方签约单位,并按照国家体委的通知在中国驻外使(领)馆办理签证。

第三章 登山活动

第十二条 外国团队在登山前应当为随队的中国公民办理有关保险事项,并根据国家体委的要求落实保护山区自然环境的各项措施。

第十三条 外国人登山,应当遵守下列规定:

(一)按照国家体委批准的山峰和路线进行攀登,不得攀登其他山峰,不得越过批准的路线;外国登山团队之间不得互相转让攀登的山峰和路线;

(二)外国登山团队不得吸收本团队以外的队员;

(三)如要求展现外国团队所在国国旗,应当经中国国家体委同意,并同时展现规格相当的中国国旗;

(四)使用山峰的名称和高度,应当以中国政府有关部门公布的为准;

(五)保持登山路线和营区的环境卫生,不得自行在登山活动区域安放纪念品和其他物品;

(六)将登山活动的结果和登山过程中的意外情况及时报告国家体委和中方签约单位。

第十四条 外国人在登山活动结束后,应当以团队为单位写出总结报告书。登山活动总结报告书以及在登山期间摄录的音像资料,应当无偿向国家体委和登山活动所在省、市、自治区体委提供。

第十五条 外国人在我国境内登顶成功,由国家体委确认后,发给其登顶证明书。

第十六条 外国人在我国境内登山期间,必须有我国联络人员陪同。联络人员由中方签约单位指定,其职责是:

(一)协助并监督外国人执行我国的有关规定;

(二)协助解决外国人在登山活动中的有关问题;

(三)向中方签约单位报告有关情况;

(四)调解外国人与中方服务人员的纠纷。

第十七条 外国人登山,需要我国公民提供服务,由我国联络人员办理。中国公民向外提供服务,可以收取费用。服务费用的项目和标准,由国家体委公布。

第十八条 外国团队应当为随队的中国公民提供医疗、急救以及必要的宿营、炊事用具。未经我国联络人员同意,外国团队不得自行解雇随队的中国公民或者停发津贴。中外联合团队向随队的中国公民提供医疗、急救、宿营、炊事用具的办法,由组成中外联合团队的各方协商。

第四章　登山附带科学考察和测绘

　　第十九条　登山附带科学考察和测绘的,应当在办理登山申请的同时,向国家体委申报科学考察和测绘计划,由国家体委分别转国家科学技术委员会或者国家测绘局审批。

　　科学考察和测绘计划未经批准,外国登山人员不得对所经地区的生物、岩石矿物、冰雪、水样和土样进行系统观测,不得采集标本、样品、化石,不得进行测绘活动。

　　第二十条　外国团队、中外联合团队登山附带科学考察的,应当通过中方签约单位向国家科学技术委员会提供下列详细资料:

　　(一)采集的标本、样品和化石的清单;
　　(二)发现的动植物新种或者特殊动植物的类群;
　　(三)采集的动植物新种正模式标本、特缺动植物类群的标本;
　　(四)标本、样品、化石的室内分析结果;
　　(五)登山附带科学考察的音像资料复制本。

外国团队、中外联合团体登山附带测绘的,应当通过中方签约单位向国家测绘局提供测绘成果的副本或复制件。

第五章　登山物资的入境和出境

　　第二十一条　外国人携带登山所需物资入境,按"特准进口物品"和"暂时进口物品"分别申报。经海关核准后,办理税收、担保手续。

　　第二十二条　登山物资中合理数量的专用食品、急救药品、防寒衣物、燃料等消耗物品,可以特准免税入境;超过合理数量的,应当纳税。国家有关部门允许的通讯、摄影、录像、测绘器材和专用运输工具可以暂时免税入境。登山活动结束,上述物资应当复运出境。如因特殊原因无法复运出境的,应当通过国家体委依照国家有关规定办理手续。

　　第二十三条　外国团队、中外联合团队登山时采集的标本、样品、化石以及制作的音像资料,经有关部门检验许可后,方可携带出境。

第六章　罚　则

　　第二十四条　外国人来华登山,违反本办法第十二条、第十三条、第十八条、第十九条、第二十条规定或者未经国家体委批准擅自登山的、国家体委或者省、自治区体委视情节轻重,可以分别给予警告、五千元至五万元的罚款以及停止登山活动等处罚。违反本办法第十九条、第二十条规定的,国家体委或者省、自治区体委,还可以单处或者并处没收采集的标本、样品、化石和资料的处罚。

第二十五条 当事人对行政处罚决定不服的,可以依照中国有关法律的规定先申请行政复议。当事人对复议决定不服的,可以依照中国的有关法律的规定提起行政诉讼。当事人在规定的期限内不申请复议和不提起行政诉讼,逾期又不履行处罚决定的,作出处罚决定的行政机关可以申请人民法院强制执行。

第七章 附 则

第二十六条 台湾、香港、澳门同胞回大陆登山,参照执行本办法的规定。
第二十七条 本办法由国家体育运动委员会解释。
第二十八条 本办法自发布之日起施行。

参 考 文 献

陈维霖.登山[M].北京:人民体育出版社,2005
陈志明,明德.攀跃巅峰[M].北京:科学普及出版社,1999
次落,王云龙.双人结组裂缝救援技术[J].山野,2009,(1):102~105
康华.滑雪登山技术漫谈[J].山野,2009,(4):104~107
张瑞林,闻兰.户外运动[M].北京:高等教育出版社,2005
[美]Clyde Soles.攀登训练[M].北京:中国水利水电出版社,2004
[美]Clyde Soles and Phil Planning.登山计划[M].北京:中国水利水电出版社,2005
[美]史蒂芬·考斯,克里斯·佛萨斯编著;吴佩真,吴俊奇,吴逸华译.登山圣经[M].汕头:汕头大学出版社,2007
[英]Garth Hattingh.登山运动手册[M].西安:陕西师范大学出版社,2004